融合型·新形态教材

复旦学前云平台 fudanxueqian.com

U0730960

普通高等学校学前教育专业系列教材

幼儿园创意美术主题活动方案

（上学期）

主　编　程沿彤

副主编　吴　薇　耿　杰　赵　焕

编　者　那　辉　王雪娇　嵇长莘

　　　　王　敬　顿莉莉　李瑞芬

　　　　寇宇霞　冯庆慧　李思达

编　审　周世华

复旦大学出版社

内容提要

　　本书是作者团队在多年的教学与实践中，结合《幼儿园教育指导纲要（试行）》和《3-6岁儿童学习与发展指南》的要求，基于对幼儿园课程的理解与思考，尝试编制的幼儿园创意美术课程，在吸收科研领域的新发现、新突破基础上，将传统文化融入课程之中，并兼顾地方性、生活性，试图改变以往在五大领域课程编写中知识体系缺乏内在联系的现象，以单元主题为主要形式，将课程内容有机联系起来。本书包括托、小、中、大班四个上学期课程，每个年龄段共16个活动，这些活动可以配合幼儿园主题活动开展，材料丰富多元，制作方法多样，操作简便，可以丰富幼儿的审美体验，提升他们表现表达的能力。本书既适合作为大中专院校教材，也适合作为幼儿园美术课程。

编写说明

古人创造了"心灵手巧"这个成语，就是把动手和思维联系在了一起。现代心理学研究表明，思维与手指的灵活性有着密切的关系。手指活动越多，动作越精细，对大脑的刺激就越丰富。而大脑的兴奋程度越高，越能有效地调节手指的活动，提高手指动作的协调性和灵活性。因此，幼儿双手的协调配合和手指动作的灵活性，在一定程度上，可以反映其智力发展的水平。创造性的动手操作活动锻炼幼儿的视觉，触觉，动作感，平衡感等，为幼儿提供了各种各样的表达自我的机会，能激发孩子创造性思维，唤醒他们的内在力量，培养他们的灵活性、审美能力与创造力，还能帮助他们认识事物，认识世界。教材编写过程中，力求为学前儿童的学习提供感觉和知觉刺激，提供了形象、具体、可操作的"概念框架"，教材的具体形象性和可操作性，决定了它作为学前儿童知识学习，技能掌握的年龄适宜性。

《幼儿园创意美术主题活动方案（上、下学期）》以黑龙江幼儿师范高等专科学校《3—6岁玩教具制作与指导》《0—3岁婴幼儿玩教具》和《幼儿园活动设计》课程中课堂学生创意原型为研发基础，教师和学生共同设计适合幼儿的活动，其中融入了学前儿童心理、家庭教育、生长发育，特别是精细动作和大运动方面的相关科学依据。设计过程中团队成员注重文本、图片、视频资料的收集整理。在实践——反馈——反思——改进——实践——反馈——总结——落地的循环中，不断地修改、更新，受到学生、教师、家长、幼儿以及教育机构的青睐。同时，与宁波江北艺趣手工材料有限公司合作，形成创意美术活动课程和材料包。

本教材是我校特色项目校企合作《学前儿童创意玩教具》的成果之一，也是系全国教育科学"十二五"规划2013年度单位资助教育部规划课题《构建0—3岁婴幼儿教育师资培养模式的理论与实践研究》（编号：FHB130458）、黑龙江省大学生创新创业训练计划项目《创意玩教具制作工作室》（编号：201614095006）、0—6岁黑龙江省婴幼儿教育研究基地的科研成果。

程治彤
2016 年 4 月 23 日

前 言

　　自 20 世纪 80 年代以来，幼儿教育界逐步认识到了"整合"对儿童学习的重要意义。幼儿教育课程的研究者们在有关幼儿园课程发展的认识上已经出现了明显的趋同倾向——给儿童提供"整合"的课程成为了国际国内幼儿教育工作者的共识。幼儿园的美术教育活动也从单纯的美术技能的学习走向多学科的整合，这为我们进行幼儿园美术教育活动的综合改革提供了理论上的参考。整合性的美术教育活动不仅是将学前儿童认知、技能、情感等方面的教育内容有效地、紧密地结合起来的过程，也是将美术活动的目标、内容和实施途径方法进行整合的过程。

　　具体说来：在活动目标上将显性目标和隐性目标相结合，将主体目标与辅助目标相结合；在课程内容上，将分科的"学科"内容有效的整合成"领域"或"主题"内容，避免不必要的重复。例如将科学活动的"认识小白兔"和美术线段绘画活动的"我给小兔填青草"整合起来，以填画青草为主线将认识小兔的外部特征和生活习性等内容进行整合；在美术活动实施的途径上，以游戏、教学、参观、劳动、娱乐和日常生活等各种活动互相配合，发挥各自的独特作用，进行"优势"互补；在活动实施过程中，把情感、认知、行为、能力（技能）的培养过程结合起来，以学前儿童积极体验和感受为中心，将美术活动过程的操作性、趣味性、情景性、知识性和活动性有机地结合起来，调动学前儿童学习的主体意识。整合性的美术教育活动使教育内容相互联系、相互强化，有助于提高美术教育活动的功效。

　　传统的课程是一个"名词"，通常指遵循的课程纲要、教学计划、教科书等。但是最近课程概念开始重新建构，课程由"名词"变为动词，课程不再只是具体的产品，而是一种活动，一种经验，一种内在的旅程；是教师和儿童一起深入未知的世界，一起体验、探索、操作和思考，一起经历喜悦、快乐、挫折或痛苦；在这个过程中，教师与儿童共同诠释经验、方向意义、建构主体。幼儿园课程的含义已由单科的教材教法向幼儿园教育整体发展，由强调单科的教材结构、教学规律向强调幼儿园教育的整体结构转变。

　　《幼儿园教育指导纲要（试行）》明确指出："幼儿园课程相对划分为五大领域，各领域内容有机联系，相互渗透，从不同角度促进幼儿全面发展。"因此，幼儿园教育活动的组织要注重综合性、趣味性、社会性。在多年的教学与实践中，结合《幼儿园教育指导纲要》（试行）和《3—6 岁儿童学习与发展指南》的要求，基于对幼儿园课程的理解与思考，尝试编制幼儿园创意美术课程，在吸收科研领域的新发现、新突破基础上，将传统文化融入课程之中，并兼顾地方性、生活性。试图改变以往在五大领域课程编写中，知识体系缺乏内在联系的现象，以单元主题为主要形式，将课程内容有机联系起来。

　　本书由黑龙江幼儿师范高等专科学校学前教育系教师程沿彤主编，并负责托班文字编写和图片整理部分；副主编黑龙江幼儿师范高等专科学校教务处副处长吴薇负责本书小班文字编写和图片整理部分；副主编黑龙江幼儿师范高等专科学校学前教育系教学主任耿杰负责本书中班文字编写和图片整理部分；副主编牡丹江市幼教中心园长赵焕负责本书大班文字编写和图片整理部分；课程已通过宁波江北艺趣手工材料有限公司推广到全国各地机构园所进行了全面的教学实施与验证，并针对个别活动进行了适宜的修改。全书由黑龙江幼儿师范高等专科学校教学校长、学前教育系主任周世华编审；全书由程沿彤统稿，在策划、撰写和编辑的过程中，我们得到了诸多专家学者的关心、指导，编写团队由学前教育专业教师、双师型教师、园长、基层学生、艺趣手工材料供应基地成员组成，得到了幼儿园领导和老师的大力支持，本书的设计还带动了一批以在校生为主的基层实验成员，在此一并表示感谢。由于编写组对课程理论认识程度有限，加之该课程内容在教学实践中试用时间不长，因此难免出现纰漏，恳请批评指正，多提宝贵意见。谢谢！

编者

2016 年 4 月

目　录

第一章　托班上学期创意美术活动

第二章　小班上学期创意美术活动

第三章　中班上学期创意美术活动

第四章　大班上学期创意美术活动

第一章　托班上学期创意美术活动

纵观人类一生的发展来看，生命最初的 3 年是人类生长发育最为重要的时期，联合国儿童基金会 2000 年底发表的报告中指出，为 3 岁以下儿童提供充足的食物、医疗服务和认知教育，可促进儿童日后在健康、个性、语言和认知能力的提高。托班幼儿年龄在 1.5 岁—3 岁之间，从婴儿出生开始，个体的大脑和心理得以同时发展，而婴儿的生理发展则是心理发展的基础。

一、大脑发育

当胎儿在母亲的子宫中时，会以惊人的速度形成神经细胞（每分钟约 125 个），发育中的大脑皮层实际上会生成数量过多的神经元，在第 28 周时神经元数量达到峰值，然后减少，到出生时稳定在 230 亿左右。然而，这个时候新生儿的大脑神经组织处于相对较为混乱的状态，神经系统还不成熟。

因此，现代神经科学认为，大脑的神经结构具有一定可塑性。从婴儿开始探索世界的那一刻开始，他们会通过观看、嗅闻、触摸或拖动等动作激活并强化相应的感觉，从而建立并巩固一些神经通道，即神经元之间的联结，而那些一直没有被使用的神经通道则被削弱。也就是说，大脑的成熟似乎受到一条规律的支配——用进废退。因此，我们在托班美术活动春季活动方案中添加了，例如："美丽的花儿"主题下"七色花"一节，其中，在《七色花》音乐的陪伴下，小朋友可以自由活动身体，并且可以用玉米食材粘贴七色花瓣。这样可以增强孩子对于音乐的表现力、粘贴的动手能力以及对于颜色的认知能力。

二、动作发展

随着大脑的不断发育，婴儿的身体变得越来越协调，随着婴儿肌肉和神经系统的发育成熟，他们会表现出更多的复杂动作技能。表现为：

头尾原则：从上到下，即从头到脚的发展方向。

近远原则：从中心到外周，即发展的方向从身体的中心部位向周边部位转移。

大小指向：即从粗的活动向精细的活动发展，从大肌肉运动向小肌肉运动发展。

这说明，动作的发展需要依靠生理的相对成熟，然而，在另一方面，动作的丰富与促进也会对大脑的成熟产生重要的影响，即大脑的结构和功能会发生改变。托班幼儿主要发展的动作技能是手部的精细动作。

三、认知发展

（一）感知觉发展

凭借大脑的成熟和动作的发展，1 岁半以上的托班幼儿的感知觉得到了极大的发展。在教育中要注意多让托班幼儿接触各种颜色，指导他们掌握明确的基本色颜色名称。像我们刚刚提到的"七色花"活动，就可以让孩子认识最为基本的颜色，还有在春季活动方案"美丽的花儿"主题下"花朵相框"一节中，教师就要指导小朋友用水彩笔进行涂颜色了。此外，我们要注意托班幼儿视觉敏锐度的发展，在选择玩具、图片时要充分考虑孩子的年龄。年龄小的，文字图片要大些，屋内的采光要充足。另外，对于活动方案设计来说，也可以通过绘画、泥工或拼板等玩具活动更好地促使托班幼儿形状知觉的发展。

（二）思维发展

在大脑发育、动作发展、感知觉发展的基础上，托班幼儿的思维得以萌芽并逐步发展。1岁左右，婴幼儿手的动作开始出现了新的功能——运用工具和表达意愿。这两种功能的出现为思维的萌芽提供了直接前提。在此基础上，婴幼儿开始能够用"尝试错误"的方法寻找解决问题的手段。这类解决问题的智慧性动作的出现，标志着个体思维的发展。

（三）注意发展

新生儿期出现的无条件定向反射就是一种与生俱来、不由自主的注意。其后，在无条件反射基础上，婴儿的注意力不断发展。注意的客体不断增加。出生后第一年的后半年，婴儿不仅对具体的事物发生注意，而且对周围人们发出的语言也能引起注意。

（四）记忆发展

托班幼儿已经能够记住一些简短的儿歌，尤其对有韵律的、歌词重复的儿歌更加喜欢，更能记住。但是他们对于这些儿歌完全是"自然而然"记住的，还不会有意识地、主动地去记住某些经历过的事物，需要反复教、不断复习，才能继续记住。

（五）想象发展

想象是在人脑中对已有表象进行加工改造而创造新映象的过程。儿童的想象丰富了游戏，游戏也培养了儿童的想象力。托班幼儿的想象还很简单，只是实际生活的简单的改造重现。他们的想象力只是开始出现。但想象使儿童能够作出超越当前现实的反映，因而使心理现象更为活跃丰富。

四、言语发展

许多心理实验和研究都表明，言语的发展是整个智力发展的基础，是儿童接受各方面教育的前提。

1到1岁半（单词句阶段），这一时期婴幼儿言语的发展主要反映在言语理解方面。同时，他们开始主动说出有一定意义的词；1岁半到2岁（双词句阶段），此时，词汇大量增加，2岁时可达200多个。这一阶段儿童言语的发展主要表现在开始说由双词或三词组合在一起的句子；2—3岁（完整句阶段），2—3岁是人生初学说话的关键时期，如果有良好的语言环境，那么这一时期将成为言语发展最迅速的时期。例如：在秋季活动方案"我们都是好朋友"主题中的"好朋友，一起玩儿"一节，在教师的引导下，小朋友要能听懂和学会说普通话，愿意与老师及同伴交谈，训练语言能力。

五、情绪情感发展

人在认识客观现实中的种种对象和现象时，常常伴随着各种不同的态度，这就是情绪情感。其包括诸多方面，这里我们来谈的是母婴依恋、分离焦虑，这些也是婴儿情绪社会化的核心内容。

母婴依恋是在婴儿期主要抚养者（一般是母亲）的最多、最广泛的相互作用中，在同母亲的最亲近、最亲密的情感交流中，婴儿与母亲之间的一种特殊的感情联结，即婴儿对母亲产生一种依恋关系。这种依恋关系在婴儿6—7个月形成，并进一步发展。

分离焦虑是在婴儿6—7个月时产生，随着母婴依恋的建立而同时发生。随着婴儿与母亲依恋的建立，婴儿也出现了第二种形式的焦虑—分离焦虑，即婴儿对某个人产生依恋之后，又要与所依恋的人分离，就会表现出伤心、痛苦，拒绝分离。

六、自我意识发展

大约 3 岁时，孩子开始把自己当作主体来认识，突出的表现是从称呼自己的名字变为用"我"这一代名词来称呼自己。这一变化是儿童自我意识发展过程的一个重要转折，也可以说是自我意识发展的第一个飞跃。

七、对教育的启示

有鉴于托班幼儿的身心发展特征及其需要，教师在设计托班幼儿的活动方案时，充分考虑了以下几方面：

首先，为幼儿提供大量可以直接感知的玩具与活动材料。没有充分的玩教具和活动材料，幼儿的活动将不会有效地开展。3 岁前幼儿的思维发展很大程度取决于游戏材料与玩具提供的水平。因此，为了促进孩子思维的发展，使孩子的认识能力得到进一步的提高，应有计划、有目的、合理地提供活动的玩具等材料。

其次，为婴儿提供活动与操作的条件与机会。婴儿的思维离不开动作与感知，因此，为孩子开展的各种活动应是孩子能亲自动手的，而且认识到孩子的这种思维特点，允许孩子边操作边思考。

再次，在教育活动中培养幼儿准确的听音能力，教会幼儿正确的发音，丰富幼儿的词汇。正确为幼儿编选一些发展听觉的教学游戏，对培养幼儿发音有很大的积极作用。以游戏方式组织幼儿听与说，是行之有效的好方法。

另外，丰富幼儿的词汇应该与感知和动作相结合。所以，活动方案教育活动重难点要把握准确，教育活动内容主次分明，抓住关键；结构合理，情感态度与价值观三个维度，要符合学段教育要求与幼儿实际。

1 手拉手相框

活动目标	1. **认知目标：** 了解水彩笔的使用及涂画的基本方法。
	2. **技能目标：** 学习在木板上涂色的基本方法，发展幼儿涂色能力。
	3. **情感态度目标：** 对绘画感兴趣，能愉快地作画。
相关领域	社会领域：喜欢群体生活。
活动准备	木质人形相框、小木棒； 准备两张大头照、水彩笔（工具包内）。
活动过程	一、导入 教师引导幼儿一起欣赏儿歌《找朋友》，提问： 儿歌里两个小朋友之间都做了哪些动作？ （鼓励幼儿大胆地回答问题。） 二、基本部分 （一）我的朋友是谁 1. 教师出示完成品，将自己的照片和好朋友的照片放到相框里，并与幼儿分享和好友在一起的快乐感受。 2. 教师引导幼儿说一说自己的好朋友，激发幼儿制作兴趣。 （二）制作过程 1. 教师引导幼儿给小人的衣服涂上自己喜欢的颜色，两个小人可以涂不一样的颜色，这样就代表着幼儿和他的小朋友。 2. 给小人的头上装饰自己的相片和好朋友的相片。 3. 把小木棒插在背后的圆孔里，这样木质小人相框就完成啦。 4. 可以把完成的作品摆放在作品区展示。 （三）音乐游戏"找朋友" 1. 听儿歌，教师引导幼儿围成大圆圈，音乐响起幼儿可以自由走动，听到歌词快速找到自己的好朋友并做相应动作。 2. 游戏可以反复进行，也可以更换不同的好朋友。 三、小结 　　在学会制作木质小人相框同时，我们还进行了音乐活动"找朋友"，这样会激发幼儿的集体荣誉感，增强幼儿的集体意识。
活动延伸	相框可以带回家，放上爸爸妈妈的照片，送给他们当礼物。

制作步骤：

1. 准备好材料包（含有：木质人形相框、小木棒）。

2. 根据人物上的线稿填上颜色。

3. 把自己和好朋友的大头照放入背面的圆孔里。

4. 放上圆木片，并把相框后面的小铁片闭合。

5. 用小木棒插入脚部的圆孔里。

6. 手拉手相框完成了。可以作为摆设，放在家里。

图例欣赏：

教学随笔：

2 手拉手，好朋友

活动目标	**1. 认知目标：** 知道魔法玉米的粘贴、切割方法。 **2. 技能目标：** 学会使用魔法玉米在底板上粘贴人物，促进手眼脑协调能力。 **3. 情感态度目标：** 在活动过程中愿意主动与老师、同伴进行交谈，表达对他人的爱。
相关领域	艺术领域：知道歌曲名称《找朋友》，初步理解歌词意思，能跟随音乐节奏做简单的模仿动作。
活动准备	魔法玉米粒、塑料小刀、吸水不织布片、人物纸卡。
活动过程	**一、导入** 游戏"我的朋友在哪里" 1. 教师与配课教师示范介绍"我的好朋友"，"我的好朋友是×××，我喜欢和他一起玩，拉拉手，抱一抱"。 2. 请小朋友们和自己的好朋友互相介绍并拉拉手，抱一抱。 3. 教师出示粘贴完成的玉米人物画，激发幼儿的学习兴趣。 "我们把好朋友用这个神奇的魔法玉米做出来吧！" **二、基本部分** （一）学习魔法玉米的粘贴方法 1. 教师出示材料，介绍材料名称和使用方法。 出示魔法玉米和沾了水的不织布片，用手捏起魔法玉米粒，在吸水的不织布上面沾一下，把它贴到底板小朋友的衣服上，直到把衣服都贴满。 2. 教师发放材料，请幼儿进行制作，教师循环指导。 （二）作品展示和介绍 教师展示幼儿已完成的玉米人物作品，鼓励幼儿大胆说说他们在干什么。 **三、小结** 　　通过用粘合的方法，使用魔法玉米粒制作玉米人物，培养幼儿的创造力和想象力，并通过制作玉米人物的动作，知道如何表达与他人友好相处的方式。 **安全提示** 　　魔法玉米是以安全的玉米淀粉为原材料加工而成，即使误食也不会影响幼儿健康，但教师在制作前还是要进行安全提示：魔法玉米不是食物，避免幼儿误食。
活动延伸	1. 可以将粘合好的玉米人物摆放到幼儿园的艺术区角欣赏及装饰。 2. 回到家以后可以用魔法玉米粒继续进行创意拼摆，也可以让幼儿认识颜色，进行排序。 3. 家长讲述有关好朋友的故事，请幼儿来进行欣赏。

制作步骤：

1. 准备好魔法玉米材料包（含有：魔法玉米粒、人物纸卡、吸水不织布片）。

2. 用魔法玉米轻轻沾一下打湿的圆片。

3. 将沾过水的玉米粘贴在人物纸卡的衣服上。

4. 用彩色玉米装饰衣服、裤子。

5. 把梯形卡纸穿插在底板的四个脚上。

6. 手拉着手的好朋友完成了。

图例欣赏：

教学随笔： _____

_____

_____

_____

_____

_____

3 好朋友，一起玩儿

活动目标	1. **认知目标：** 了解EVA片粘贴的基本方法，进行拼摆创意。
	2. **技能目标：** 学会使用材料进行粘贴，有初步的方位意识，促进幼儿的手指灵活性和手部控制力。
	3. **情感态度目标：** 喜欢参与艺术活动，并对大自然感兴趣。
相关领域	语言领域：能听懂和学会说普通话，愿意与老师及同伴交谈。 科学领域：有初步的方位意识，对大自然感兴趣，能大胆地告诉老师和同伴自己的发现。
活动准备	彩色印刷底板、带背胶EVA散片。
活动过程	**一、导入** 教师出示材料中的一位小朋友（底板上的那位小朋友），创设情境、吸引幼儿兴趣。 教师：猜一猜，这个小朋友在干什么？ **二、基本部分** （一）了解方位上和下 1. 教师出示彩色印刷底板，提问： 小朋友，你们看到了什么？ 2. 教师将开始出示的小朋友粘贴在草地上，提问： 这位小朋友的上面下面都有什么？ （二）好朋友一起玩儿 教师出示彩色印刷底板，引出情境：这个小朋友一个人太孤单了，我们帮他找几个好朋友一起来玩吧。 1. 教师示范：教师出示彩色印刷底板和带背胶的EVA散片，用两根手指将背胶撕下，在硬纸板上相应的位置，进行粘贴。 2. 幼儿制作：教师引导幼儿进行粘贴并装饰图画，制作过程中教师进行巡回指导。 （三）作品展示 展示幼儿的作品并让幼儿说一说图片上的小朋友是谁，在干什么。 **三、小结** 　　通过本节活动让幼儿知道粘贴的基本方法，通过制作培养幼儿的手部精细动作，培养幼儿的审美观，并对大自然感兴趣，知道与朋友在一起游戏很快乐。
活动延伸	1. 回到家中，家长可以让幼儿讲述画面的内容，说一说画面上的小朋友们在做什么，发展幼儿的想象力及语言表达能力。 2. 通过图画，让幼儿邀请小朋友们去玩耍，探索大自然，感受和朋友一起游戏的快乐。

制作步骤：

1. 准备好材料包（含有：A4印刷底板、带胶EVA片），先撕开人形EVA片背面的胶。

2. 把男孩女孩EVA片手拉手粘贴到底板的草地位置上。

3. 再撕开绿色EVA片背面的胶。

4. 将绿色片有层次地粘贴在树枝上，还有白云粘贴到天空里。

5. 小朋友们手拉手，友好地在草地上玩啦！

图例欣赏：

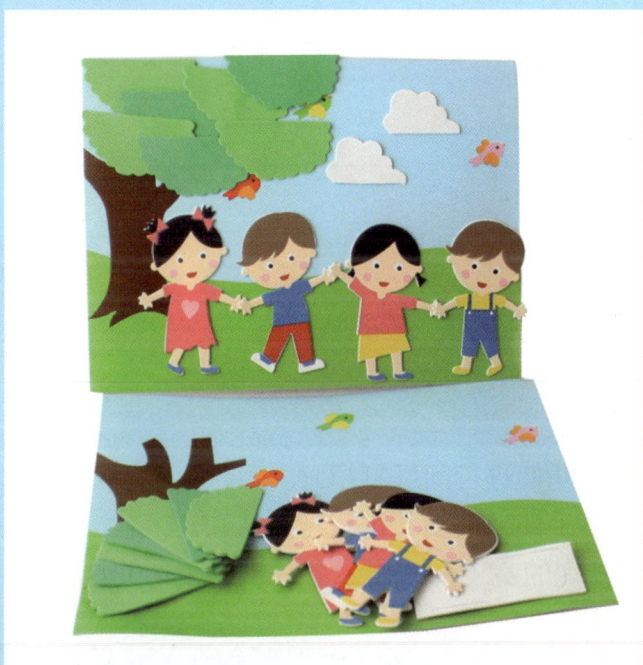

教学随笔：_____

_____

_____

_____

_____

_____

4 找找好朋友

活动目标	**1. 认知目标:** 了解动物的基本特征,运用粘贴的方法对小动物进行相应部位的粘贴。
	2. 技能目标: 学会使用粘贴的方法制作动物手偶,能用简短的句子,表达自己的想法。
	3. 情感态度目标: 增强创造力和表现力。
相关领域	语言领域:能简单地模仿几种小动物的动作及声音。 社会领域:动物是人类的好朋友,让孩子能喜爱动物,爱护动物。
活动准备	准备情景小舞台; 帆布手偶、带背胶不织布片、眼睛。
活动过程	**一、导入** 教师模仿青蛙的声音,吸引幼儿兴趣。 教师:小朋友们听,这是什么声音? **二、基本部分** (一)与小动物问好 1. 教师出示制作完成的张嘴手偶,与幼儿们进行问好打招呼。 2. 教师依次出示制作完成的小动物张嘴手偶,请幼儿进行特点认知。 教师:这些是什么小动物?你是怎么发现的?(一一出示各种动物请幼儿认知各种动物的主要特征,并一一和小动物问好。) (二)知道运用粘贴的方法,粘贴小动物 1. 教师出示制作好的动物张嘴手偶身体贴片,示范用两根手指揭开背胶,并使用不织布片先粘贴眼睛再依次粘贴鼻子–嘴巴–胡子–耳朵–鬃毛。 2. 教师发放材料,请幼儿自行粘贴及涂画,教师进行巡回指导。 (三)游戏"我的小舞台" 1. 教师示范将手偶戴在手上,让手偶的嘴巴一张一合地说话。 2. 教师创设情境,请装扮成动物们的小朋友们自由去邀请小伙伴,进行分组表演。 **三、小结** 　　通过制作动物张嘴手偶,能找出其中细微不同的特点,为幼儿准备一个舒适的环境,鼓励幼儿大胆地与朋友进行语言表演游戏。
活动延伸	1. 回到家中,家长可以找出稍微难区分的动物请幼儿观察(如豹子、老虎、长颈鹿等)。 2. 可将动物张嘴手偶放到幼儿园语言区角,在自由活动时间幼儿自行进行情景游戏。

制作步骤：

1. 准备好材料包（含有：帆布手偶、不织布贴片、转动眼睛）。

2. 撕开不织布背面的胶。

3. 撕开眼睛背面的胶。

4. 然后根据青蛙造型正确地把不织布片和眼睛粘好。

5. 最后把红色舌头粘到手偶张开的嘴巴边上。

5. 小青蛙完成了。

★ 每个小朋友拿到的形象可能不一样，但操作方法是一样的，完成后可以套在手上进行情景剧表演。

图例欣赏：

教学随笔： _____

_____

_____

_____

_____

_____

_____

5 我会穿衣服

活动目标	1. **认知目标：** 了解EVA片粘贴的基本方法，进行组装服饰。
	2. **技能目标：** 能够运用材料来正确让幼儿组装衣服、装饰衣服，发展幼儿的手眼协调能力、观察力和动手操作能力。
	3. **情感态度目标：** 对美工活动感兴趣，体验成功带来的愉悦。
相关领域	社会领域：通过练习穿衣服，可以促进幼儿生活自理能力的发展。
活动准备	《大卫不可以》绘本图片（光身体出去玩的页面）； 人形底板、带背胶的EVA贴片。
活动过程	**一、导入** 教师讲述故事《大卫不可以》导入，吸引幼儿兴趣。 提问：大卫是个什么样的小朋友？你喜欢他吗？为什么？（帮助幼儿简单梳理故事，理解故事内容。） **二、基本部分** （一）了解EVA片粘贴的基本方法，进行服饰组装 1. 教师出示人形底板，请幼儿观察。 （引导幼儿认识体的各个部位。） 2. 出示衣饰EVA图片，教师示范为人物组装服饰，示范拿出衣服用两根手指撕下背胶，将衣服粘贴在相应的位置，同样的方法将裤子粘贴在相应的位置。 3. 幼儿制作，教师引导幼儿除了粘贴衣服裤子外，还要为其粘贴头发及装饰品，教师进行巡回指导。 （二）互动"我会穿衣服" 1. 教师引导幼儿将自己的衣服拿出，进行穿衣服比赛。 2. 教师播放欢快音乐，请幼儿进行服装展示。 **三、小结** 　　通过运用提供丰富的材料让幼儿来正确组装衣服、装饰衣服，发展幼儿的手眼协调能力、观察力和动手操作能力。
活动延伸	1. 家庭生活中鼓励幼儿自己穿衣服和裤子，培养幼儿的自理能力。 2. 家中，可以为幼儿准备当季的衣服裤子，让幼儿进行自由选择搭配。

制作步骤：

1. 准备好材料包（含有：人形纸板、带胶EVA散片）。　2. 撕开EVA背面的胶。　3. 给光着身子的底板粘上头发。　4. 再给小人儿粘上衣服裤子。　5. 男孩子的衣服穿好了。

★ 每个小朋友拿到的形象可能不一样，但操作方法是一样的。

图例欣赏：

教学随笔： _____

_____

_____

_____

_____

_____

6 我会缝扣子

活动目标	1. **认知目标：** 知道在衣服上穿扣子的方法。
	2. **技能目标：** 学习穿扣子的方法，发展幼儿手指灵活性。
	3. **情感态度目标：** 增强动手能力，喜欢进行手工操作活动。
相关领域	语言领域：展示成品，鼓励幼儿大胆地在集体面前举手发言，用简短的句子表达自己的想法。
活动准备	底板、鞋带、木质扣子。
活动过程	一、**导入** 谈话引题 教师：小朋友们的衣服真好看，请你找一找，衣服上有哪些东西呢？（引导幼儿发现衣服上的扣子，引出主题。） 二、**基本部分** （一）材料展示，激发幼儿兴趣 1. 教师出示底板扣子和鞋带，让幼儿说说这些是什么，可以怎么玩。 2. 教师按照幼儿说的，示范穿扣子。 3. 先把鞋带穿过衣服和扣子的一个小孔，再从扣子另一个孔里穿过衣服。 （二）幼儿操作 幼儿操作材料，教师巡回指导，对个别有困难的幼儿给予适当帮助。 （三）成品展示，体验成功喜悦 1. 教师把幼儿操作完成的底板展示出来，让幼儿欣赏，说说哪个是自己的作品，和别人的有什么不一样。 2. 可以拆出来让幼儿再次操作。 三、**小结** 　　本活动教师引导幼儿尝试自己动手穿扣子，提高孩子的手指灵活性，并且可以结合生活，让幼儿学习自己做一些力所能及的事，比如穿鞋带、扣扣子等。
活动延伸	回到家后可以让孩子多练习扣扣子、系鞋带等技能，发展幼儿的动手能力，提高幼儿的自理能力。

制作步骤：

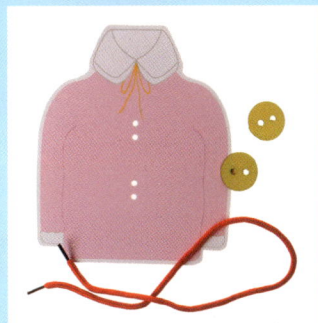

1. 准备好材料包（含有：衣服底板、鞋带、木质纽扣）。

2. 把鞋带从衣服底下的圆孔穿出，并穿过纽扣。

3. 鞋带穿过纽扣后，再从衣服上面的圆孔穿到底下。

4. 相同的制作步骤，给衣服缝好扣子吧！

★ 小朋友拿到的底板衣服颜色可能会不一样，但操作方法是一样的。

图例欣赏：

教学随笔：_____

7 拉拉链

活动目标	**1. 认知目标：** 知道拉拉链的方法。 **2. 技能目标：** 能够着跟着音乐旋律，操作拉链进行音乐感知。 **3. 情感态度目标：** 喜欢参与音乐活动，提高对音乐的感知力以及自理能力的发展。
相关领域	语言领域：展示拉链包，能用简短的句子，表达自己的想法。
活动准备	拉链一根。
活动过程	**一、导入** 教师引导幼儿找一找，哪个小朋友的衣服上有拉链。 **二、基本部分** （一）知道拉拉链的方法。 1. 教师示范拉拉链，告知幼儿拉拉链的注意事项，边叙述儿歌"对对齐，拉拉好，快到上面慢慢拉"。 2. 教师出示拉链，用一只手捏住拉链，按着顺序向上拉，变成小包。 3. 教师出示材料，教师发放拉链，请幼儿拉一拉，让其变成小包。 4. 教师引导幼儿说一说看看自己拉的拉链像什么？ 5. 让幼儿反复拉开拉上，反复练习拉拉链。 （二）音乐游戏"神奇的拉链" 1. 教师示范请幼儿进行拉拉链，最后将其拉开。 2. 教师播放音乐《幽默曲》，开始进行音乐感知。 （1）1×4拍时，进行拉拉链，1×4拍时进行拉拉链，最后半个8拍，将拉链拉下来。 （2）后面柔情的小提琴音乐可由教师和幼儿根据对音乐的感受进行自由发挥，可将拉链拉开随意抖动等。 **三、小结** 　　通过运用拉链这种新颖的材料，吸引幼儿兴趣，锻炼幼儿的手部精细动作，并且结合音乐让幼儿对其感兴趣，增加幼儿对音乐的感知理解。 **友情提示：** 　　拉链包在生产制作时接头处机器很难处理会有一些残留线头，会影响孩子操作，活动前请老师检查每一条拉链，剪去多余的线头，确保每个拉链包都能顺畅拉开拉上，避免孩子无法操作完成。
活动延伸	日常生活中，幼儿可以把拉链包装物品或当作礼物送给妈妈，可作为钱包和钥匙包。

制作步骤：

1. 准备好材料包（含有：长条拉链）。

2. 从拉链底部开始拉。

3. 慢慢地顺着拉链拉上去。

4. 拉完一整条拉链，神奇地变成一只小粽子零钱包。

图例欣赏：

教学随笔： _____

_____

_____

_____

_____

_____

8 彩色蘑菇钉

活动目标	**1. 认知目标：** 学习用材料进行拼摆创意造型。	
	2. 技能目标： 能够运用材料拼插，培养幼儿的动手能力。	
	3. 情感态度目标： 喜欢参与活动，体会艺术创想的乐趣。	
相关领域	艺术领域：结合音乐《握手舞》，请幼儿跟着音乐节奏进行拼摆，单音时停止手中的动作。	
活动准备	白色塑料板、彩色蘑菇钉； 准备音乐《采蘑菇的小姑娘》、蘑菇图片、小筐。	
活动过程	**一、导入** 教师出示蘑菇图片，请幼儿观察： 这是什么？它是什么样子的？ **二、基本部分** （一）游戏"采蘑菇的小朋友" 1. 教师创设情境（将彩色蘑菇钉放在地上），带领幼儿去采蘑菇。 今天老师要带小朋友们去采蘑菇，让我们拿上自己的小框去采蘑菇吧！ 2. 播放《采蘑菇的小姑娘》音乐。 教师发放小筐，请幼儿在音乐声中进行"采蘑菇"。 （二）学习用材料进行拼摆创意造型 1. 教师请幼儿将采好的蘑菇放在桌子。 2. 教师出示白色塑料板，教师示范种蘑菇：两根手指捏起蘑菇钉，示范将其插在白色塑料板上。 3. 教师出示样图（图例欣赏），请幼儿进行对照拼摆，教师循环指导。 **三、小结** 　　通过运用材料拼摆蘑菇钉，培养幼儿的创造能力，同时锻炼宝宝手部精细动作的发展。	
活动延伸	1. 日常生活中，可以随意拼摆成任意造型并说出自己的创意是什么。 2. 活动后可将材料送到艺术区角在自由活动时间进行创意拼摆。	

制作步骤：

1. 准备好魔法玉米材料包（含有：白色洞板、彩色蘑菇钉）。

2. 用彩色蘑菇钉按到洞孔里，按出房子的形状。

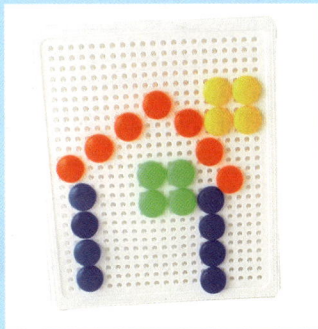

3. 彩色小房子完成了。

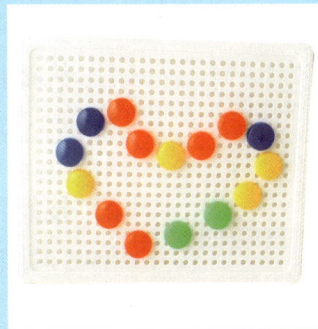

4. 小朋友可以按自己的想法拼插出各种形状图案。

图例欣赏：

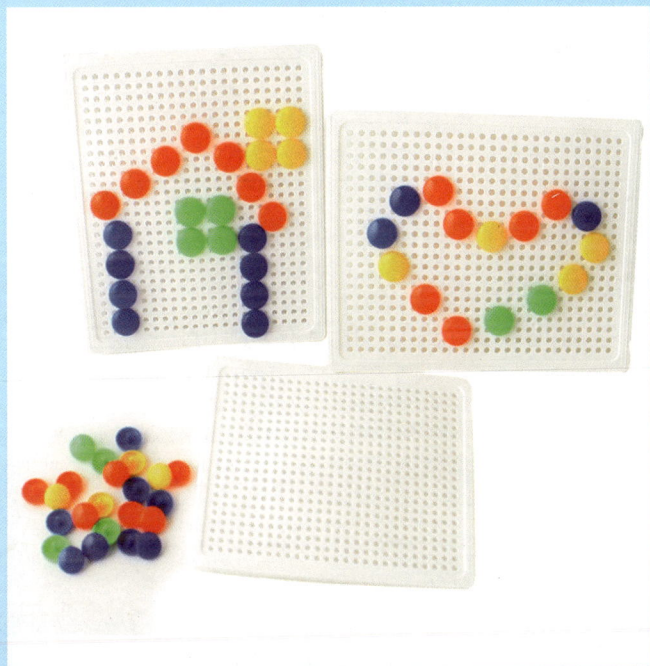

教学随笔：_____

_____

_____

_____

_____

_____

9 开心农场

活动目标	**1. 认知目标：** 认识小动物，知道农场有许多动物。
	2. 技能目标： 学习撕贴的方法，将撕下的贴纸贴在相应范围内，锻炼幼儿手指小肌肉的发展。
	3. 情感态度目标： 喜爱小动物，对手工活动产生兴趣。
相关领域	语言领域：将材料投放到语言区，认识小动物，发展语言。 艺术领域：将材料投放到美工区，供幼儿操作学习。
活动准备	印刷底板、泡棉贴纸。
活动过程	**一、导入：谈话引题** 1. 出示印刷底板图片，引导幼儿观察，提问： 这是什么地方？图片上有什么？（引导幼儿认识农场，知道农场中的一些主要特征，引出接下来的活动。） 2. 农场里来了哪些朋友，我们一起来看一看。 **二、基本部分** （一）教师讲解制作方法 1. 教师引导幼儿认识小动物。 教师逐一出示贴纸动物，请幼儿说说动物的名称，并和小动物打招呼问好。 2. 教师示范制作：从底板上把小动物撕下来，把小动物贴在底板上。 3. 边贴边引导幼儿一起说"XX到农场来做客了！" （二）幼儿尝试操作 1. 教师引导幼儿进行撕贴小动物，邀请小动物去农场做客。 2. 教师巡回指导，鼓励幼儿大胆粘贴，提示幼儿要让动物的脚朝下粘贴。 （三）作品展示 幼儿将作品贴在展板上，互相欣赏，体验成功的快乐。 **三、小结。** 　　通过撕贴动物锻炼幼儿手指灵活性，同时加深幼儿对动物特征习性的认知，激发幼儿喜爱小动物的情感。
活动延伸	1. 可以将教室其中一个区域布置成"农场"，放一些动物玩偶供幼儿游戏。 2. 家长可以带孩子去参观农场或动物园，认识更多动物。

制作步骤：

1. 准备好材料包（包含：印刷底板、泡棉贴纸）。

2. 把动物贴纸撕下来。

3. 将小动物对应场景位置粘贴。

4. 小鸭会游泳、小牛小羊吃青草……将小动物们贴满整个农场吧！

图例欣赏：

教学随笔： _____

_____

_____

_____

_____

_____

10 小小购物袋

活动目标	**1. 认知目标：** 了解在环保袋上涂色的基本方法。 **2. 技能目标：** 学习用平涂的方法进行购物袋的涂色创作，提高幼儿涂色能力。 **3. 情感态度目标：** 喜欢参与艺术活动，并知道保护环境是件快乐的事情。
相关领域	社会领域：学习做力所能及的事情，初步了解环保。 语言领域：能听懂和学会说普通话，愿意与老师及同伴交谈。
活动准备	白坯帆布袋、水彩笔（创意工具包内）； 准备儿歌《低碳贝贝》、地球环境污染的图片。
活动过程	**一、导入** 出示地球环境污染的图片，教师为幼儿讲述图片： 我们共同生存的家园地球现在正在面临很大的环境问题，地球爷爷已经很累，默默承担人类的伤害。为了让地球爷爷恢复健康，低碳环保成为我们必须要做的事情。（吸引幼儿兴趣，引入活动。） **二、基本部分** （一）了解保护环境的措施之一——环保购物袋 1. 教师出示环保购物袋，提问： 你知道这是什么吗？它有什么作用？ 2. 教师小结：这是环保袋，环保袋可以替代很多塑料袋，保护地球爷爷。 （二）美丽的环保购物袋 1. 师幼一同观看白坯环保袋，讨论哪些位置用水彩笔涂。 教师：环保袋现在没有好看的颜色，请小朋友们帮它打扮一下，说说你想怎么打扮环保袋吧！ 2. 教师根据幼儿的制作想法示范在布袋上涂色。 3. 幼儿装饰环保袋，教师巡回指导。 （三）音乐欣赏 教师播放音乐——《低碳贝贝》，加深幼儿对环保的理解。 **三、小结** 　　通过本次活动让幼儿知道涂色的基本方法，提高幼儿涂色能力，培养幼儿的审美，知道保护环境是件快乐的事。
活动延伸	1. 回到家中，家长可以给幼儿讲述更多如何保护环境的方式和方法，回到幼儿园和小朋友们一同分享保护环境的方法。
	2. 使用制作好的环保购物袋和爸爸妈妈去超市购物，真正发挥环保购物袋的作用。

制作步骤：

1. 准备好材料包（含有：白坯帆布袋）。

2. 根据袋子上的线稿用水彩笔填上颜色。

3. 用不同颜色的水彩笔涂画装饰袋子。

4. 漂亮的袋子做好了，提着袋子出门购物吧！

★ 每个小朋友拿到的袋子图案可能会不一样，但操作方法是一样的。

图例欣赏：

教学随笔：

11 食物刮刮卡

活动目标	1. **认知目标：** 学习刮画的基本方法。
	2. **技能目标：** 学会使用小木签刮出食物造型上各种各样的线条，促进手部肌肉力量的发展。
	3. **情感态度目标：** 懂得爱惜食物。
相关领域	健康领域：养成不挑食的好习惯。 语言领域：能用简单的句子表达自己喜欢的是哪些食物。
活动准备	形状刮刮卡、刮画小木棒； 准备铅笔、钢笔、黑色卡纸、音乐《悯农》。
活动过程	**一、导入** 1. 教师提出问题，引出活动。 我们用什么来写字画画？（笔） （教师出示不同的笔，介绍给幼儿。） 2. 教师：老师手里有一张黑色的纸，谁能在上面写字画画？ 幼儿将刚才教师介绍的笔在黑色卡纸上写字画画，幼儿尝试后发现，在黑色纸上写不出来字。教师：老师有办法。拿出图形刮刮卡和小木棒对幼儿讲述：老师有一个宝贝，是一支木棒笔，这支笔有神奇的力量，能够在黑色的纸上画出画。 **二、基本部分** （一）介绍木棒笔的名称及使用方法 （二）介绍刮刮卡，学会使用木棒笔在刮刮卡上作画 1. 教师介绍刮刮卡，让幼儿看刮刮卡的形状像什么。 2. 教师示范使用小木棒的尖头在刮刮卡上作画。 3. 教师出示已经装饰好的蛋糕盒糖果，讲述他们是如何装饰蛋糕和糖果的。 4. 教师为幼儿分组进行活动，教师循环指导，在活动中，幼儿们可相互观看其他小朋友是如何装饰糖果及蛋糕的。 5. 教师讲述粮食来之不易，不能挑食和浪费粮食。 **三、小结** 　　通过刮刮卡让幼儿知道一种新的作画方式，通过舞蹈律动，感受粮食来之不易，告诉幼儿要爱惜粮食。
活动延伸	家长可以带领幼儿进行户外活动，多去郊外看看农民伯伯的劳动，让幼儿从小养成爱惜粮食的好习惯，并发展幼儿的语言能力。

制作步骤：

1. 准备好材料包（形状刮刮卡、小木棒）。

2. 用小木棒的尖头在黑色卡上刮出彩色的图案。

3. 根据糖果的造型刮出不同的颜色。

4. 彩色糖果刮好了，还有美味的蛋糕刮刮卡，操作方法也是一样的。

图例欣赏：

教学随笔：

12 蜡线糖果

活动目标	**1. 认知目标：** 认识蜡线，学习盘绕蜡线的方法。
	2. 技能目标： 掌握蜡线糖果的基本制作方法，发展观察力和对色彩的审美感知。
	3. 情感态度目标： 喜欢参与手工制作活动。
相关领域	社会领域：制作好的蜡线糖果可以和其他伙伴分享。 健康领域：知道吃完糖果后养成漱口、刷牙的好习惯，学会保护牙齿的健康
活动准备	雪糕棒、彩色蜡线。
活动过程	**一、导入** 谈话引题："今天老师带来了一样食物，它的味道甜甜的，形状是圆形的，宝宝吃到它会很开心，宝宝们猜一猜是什么呢？" （鼓励幼儿大胆猜测，发表自己的想法。） **二、基本部分** （一）了解用盘绕的方法制作蜡线糖果 1. 教师出示蜡线，请幼儿感受其特性。 提问：小朋友，你们知道这是什么吗？ 请你摸一摸，摸起来是什么感觉呢？ （引导幼儿发现蜡线的特性：软，有可塑性。） 2. 教师示范两根手指捏住蜡线的一头，将其按在桌面上进行固定，另一只手两根手指捏住蜡线的另一端进行盘绕。 （二）我的蜡线糖果 1. 教师出示雪糕棒，请宝宝观察并说出其名称。 2. 教师示范将雪糕棒粘贴在盘绕好的蜡线糖果上。 3. 教师发放材料，请幼儿完成作品。 4. 幼儿展示作品并能大胆说说做出来的糖果的特点。 **三、小结** 　　本节活动通过使用新颖的蜡线为材料，吸引幼儿动手制作的兴趣，并学会用盘绕的方法进行制作，锻炼幼儿手腕的灵活性。
活动延伸	将制作完成的糖果放入艺术区角，可在自由活动时间随意进行游戏。

制作步骤：

1. 准备好做糖果的材料包（含有：雪糕棒、彩色蜡线）。

2. 用几根彩色的蜡线缠绕在一起。

3. 然后把绕好的蜡线卷成一个圆圈。

4. 把卷好的彩虹圈直接按到雪糕棒的头上，可以直接粘住。

5. 再用剩下的蜡线装饰雪糕棒。

6. 彩虹棒棒糖完成了，小朋友也可以按自己的想法做出不同形状的彩色糖果哦！

图例欣赏：

教学随笔： _____

_____

_____

_____

_____

_____

_____

13　做鞭炮

活动目标	**1. 认知目标：** 学习不干胶贴纸撕贴的方法。
	2. 技能目标： 能把贴纸贴到合理的位置，发展幼儿手眼协调能力。
	3. 情感态度目标： 体验自己动手做的快乐，感受民族传统节日的喜庆气氛。
相关领域	语言领域：能用简单的语言表述过节的喜庆气氛。 艺术领域：跟随音乐做简单的动作。
活动准备	保丽龙圆柱、金葱毛根、不干胶贴纸； 歌曲《恭喜恭喜》、鞭炮声音、制作好的鞭炮图片、圆桶雪花片。
活动过程	**一、导入** 教师播放《恭喜恭喜》的音乐，引起幼儿兴趣。 **二、基本部分** （一）播放鞭炮声音 1. 教师播放鞭炮的声音，提问： 这是什么声音？ 2. 幼儿模仿鞭炮发出的声音。 我们一起来学一学鞭炮的声音吧。 3. 教师出示制作完成的鞭炮，让幼儿欣赏，提问：这个鞭炮是怎么样的？ （二）制作鞭炮 1. 教师先把贴纸撕下来，两端对齐贴在保丽龙圆柱上，然后在红色贴纸上贴上装饰，最后把毛根插到鞭炮上。 2. 教师发放材料，请幼儿自行粘贴，教师进行循环指导。 （三）游戏"放鞭炮" 教师组织幼儿，大家先手拉手围成一个圈，边走边念儿歌，老师手拿"大鞭炮"（鞭炮由圆桶做成，里面装着雪花片），当儿歌念到："鞭炮鞭炮放得高"时，老师边抛洒雪花片边喊"劈啪、劈啪、噼噼啪啪……"，幼儿四散逃开，被雪花片碰到的幼儿就"受伤"了，就要停玩游戏一次。 **三、小结** 　　通过串鞭炮的游戏活动，让幼儿了解中国过年放鞭炮这一风俗习惯，通过制作鞭炮，增加幼儿动手的兴趣，体验自己动手的快乐，感受民族节日带来的喜庆。
活动延伸	1. 可将串好的鞭炮装饰活动区角，感受民族节日带来的喜庆。 2. 可将串好的鞭炮带回家中，为家中增添喜庆的气氛。

附：儿歌《新年到》：新年到，新年到，爸爸带我放鞭炮，鞭炮鞭炮放得高，噼噼啪啪，快逃呀！

制作步骤：

   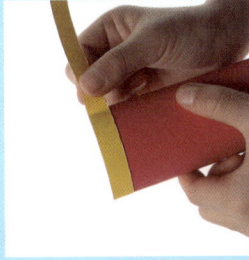 

1. 准备好材料包（含有：保丽龙圆柱、不干胶贴纸、金葱毛根）。

2. 揭开长方形红色贴纸背面的胶。

3. 把红色贴纸粘贴在圆柱上。

4. 将黄色贴纸粘在鞭炮的上下两头的边缘处。

5. 插上毛根，红红的鞭炮做好了，小朋友们可以将各自的成品串连成一长串的鞭炮，悬挂起来。

图例欣赏：

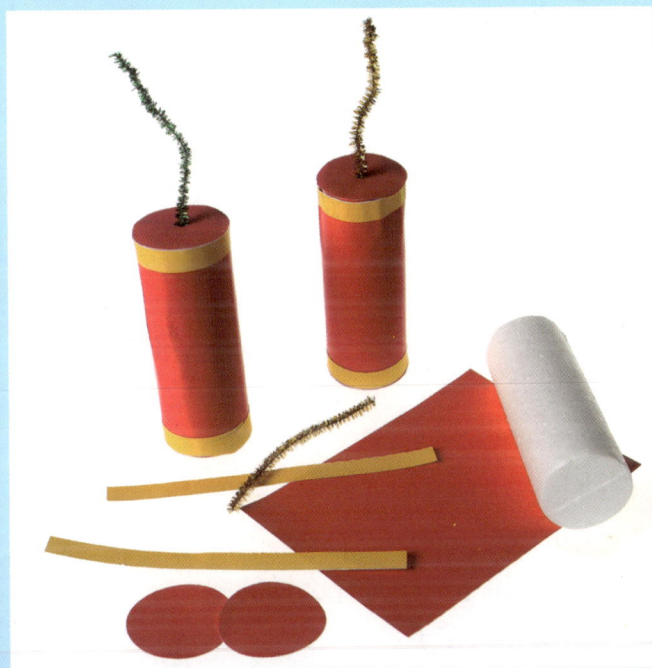 

教学随笔：

14 圣诞帽

活动目标	**1. 认知目标：** 能够认识各种形状和颜色。
	2. 技能目标： 学习撕、贴的技能，能够自己进行颜色搭配。
	3. 情感态度目标： 感受圣诞节愉悦的气氛，能积极参与手工制作活动。
相关领域	艺术领域（音乐活动）：听音乐《铃儿响叮当》，感受圣诞节愉快的节日气氛。
活动准备	圣诞帽、贴纸； 准备音乐《铃儿响叮当》。
活动过程	**一、导入** 1. 教师播放音乐《铃儿响叮当》作为活动的背景音乐，营造节日气氛。 教师提问：圣诞节到了，圣诞老人头上戴着什么？ 2. 引出制作主题，圣诞帽。 教师：小朋友，圣诞节到了，我们也给自己做一顶圣诞帽，一起欢度圣诞节吧！ **二、基本部分** （一）教师出示圣诞老人的圣诞帽，请幼儿表达自己的喜好 1. 教师出示圣诞帽，让幼儿、观察圣诞帽的特点。 教师：看，老师有一顶圣诞帽，请小朋友们说说圣诞帽是什么样的呢？ 2. 请每位幼儿都说一说自己想把圣诞帽做成什么样子。 （激发幼儿创作想法和创作热情。） （二）教师演示制作圣诞帽的方法 1. 教师将贴片按形状分类。 2. 教师进行图案的粘贴，将颜色进行自由搭配。 （三）幼儿制作圣诞帽 1. 幼儿操作，教师进行个别指导。 2. 鼓励幼儿大胆制作属于自己独特的圣诞帽。 （三）快乐圣诞节 可以邀请家长来学校做亲子活动"快乐的圣诞节"，请幼儿将自己制作的圣诞帽帮家长带上，请家长和幼儿一起欢度圣诞节，并为其他小朋友制作圣诞礼物。 **三、小结** 　　教师引导幼儿自己进行颜色搭配，进而了解幼儿对颜色的认知和个体差异。
活动延伸	教师将材料投放到区角去，让幼儿在休息时间自己进行搭配并在其他物体上进行创作。

制作步骤：

1. 准备好材料包（含有：圣诞帽、 贴纸）。

2. 撕下贴纸上的形状图案。

3. 根据自己的想象，用形状贴纸 装饰帽子。

4. 漂亮的圣诞帽做好了。

⭐ 每个小朋友拿到的贴纸形状图案可能会不一样，但操作方法是一样的。

图例欣赏：

教学随笔：

15 一起来做饺子

活动目标	1. **认知目标:** 了解饺子制作的基本方法。
	2. **技能目标:** 使用模具制作出五颜六色的饺子,促进幼儿手部精细动作的发展。
	3. **情感态度目标:** 喜欢制作饺子,提高对装饰饺子艺术欣赏的能力。
相关领域	语言领域:通过制作后,能用简单的语言表达包饺子的过程或是描述情境。
活动准备	彩色粘土、饺子模具; 动画片《饺子战争》。
活动过程	一、**导入** 教师展示中国传统文化之一、代表中国特色美食的饺子。 提问:请问宝贝们吃过饺子么?什么时候吃的饺子呢?你会包饺子么?你知道饺子的制作方法么? 教师小结:在佳节到来的时候或者全家团圆有高兴的事情,全家人会围坐在一起包饺子庆祝。 二、**基本部分** (一)学习团圆压扁的动作 1. 教师出示四色粘土,请幼儿说出粘土的颜色名称。 2. 教师取适量粘土团圆,双手重叠掌心相对,粘土在掌心中心,适当用力使粘土在两手手心之间滚动,进行团圆,团圆后平放在桌面上,一只手掌心压扁,提示要保持厚度。 3. 教师发放粘土团圆压扁,请幼儿进行尝试。 (二)制作饺子,体验制作饺子的乐趣 1. 教师出示模具,请幼儿说一说模具像什么,引出是包饺子的工具。 2. 教师将压扁的粘土平按在模具里,示范用双手把模具对折,用力一压,将在模具外边多余的部分取下放到一边,慢慢打开模具,彩色饺子出炉了。 3. 教师发放材料,教师进行巡回指导。(温馨提示:请幼儿在制作过程中一定要把手指都移开模具后再对折、挤压,不要夹到手。) 4. 装饰饺子,不同口味的饺子运用不同颜色的彩泥装饰。 (三)观看动画片《饺子战争》 教师播放视频,请幼儿欣赏。 三、**小结** 　　通过制作饺子锻炼了幼儿手部小肌肉,让幼儿知道了饺子的制作方法,培养幼儿动手操作能力及审美能力。
活动延伸	回到家以后家长可以尝试和宝贝一同包饺子,增进亲子感情。

制作步骤:

  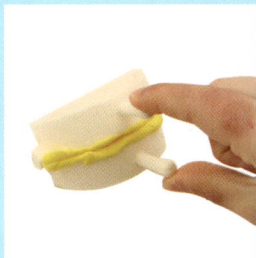  

1. 准备好材料包(含有:彩色粘土、饺子模具)。

2. 先取一色粘土,将它平按在打开的模具上。

3. 把模具合上,用力一压。

4. 慢慢打开模具,鼓鼓的饺子出炉了。

5. 可以用其他颜色粘土制作小图形装饰饺子,使它看起来更美味!

★ 每个小朋友拿到的粘土的颜色可能会不一样,但操作方法是一样的。

图例欣赏:

教学随笔: _____

_____

_____

_____

_____

_____

16 大公鸡

活动目标	**1. 认知目标：** 认识公鸡的基本特征，学习拼图。 **2. 技能目标：** 初步建立简单的图画概念，感知图形之间的组合关系，发展幼儿的思维能力。 **3. 情感态度目标：** 喜欢拼图活动，感受拼图的愉快。
相关领域	语言领域：能够简单描述公鸡的外形，讲解关于公鸡的故事。
活动准备	公鸡拼图一套。
活动过程	**一、导入** 谈话，引入主题。 小朋友认识公鸡么？让我们一起拼一只漂亮的大公鸡。 **二、基本部分** （一）幼儿认识拼图，了解公鸡的基本特征 1. 教师出示完整的公鸡拼图，引导幼儿观察这只公鸡和别的公鸡有什么不同。 2. 教师拆分拼图，告诉幼儿这样可以拆分和拼起来的是拼图。 （二）玩拼图 1. 教师分发材料，幼儿自主玩拼图，拆分和组合。 2. 教师引导幼儿可以一块一块拆，一块一块拼，慢慢增加难度。 （三）儿歌《大公鸡》 幼儿和教师一起念儿歌： 大公鸡，喔喔叫，小朋友，起得早，自己动手来穿衣，红红衣服花花帽。 **三、小结** 　　通过拼图活动，可以培养幼儿的观察能力和动手操作能力，感知图形间的组合关系，发展幼儿思维力。
活动延伸	可将公鸡拼图带回家里，和家长一起拼一拼公鸡。

制作步骤：

1. 准备好材料包(含有：公鸡拼图块一套)。

2. 根据公鸡的形状，从头开始组装。

3. 再组装公鸡的尾巴。

4. 彩色的大公鸡拼好了。

图例欣赏：

教学随笔：

第二章　小班上学期创意美术活动

小班幼儿年龄在 3 岁—4 岁之间，处于幼儿期初期。从 3 岁开始，儿童大脑的结构和功能以及心理方面开始不断发展。

一、大脑发育

我们知道，作为脑的基本单位——神经元，包括两个重要的部分：轴突和树突。多数轴突都包裹有髓鞘，这种现象称为髓鞘化。髓鞘是一层脂肪细胞，它能加快神经冲动沿轴突的传导速度，加快信息从一个神经元到另一个神经元的传递速度。

幼儿早期的脑发展不如婴儿期那么快，但大脑和头部的发展仍比身体其他部位的发展要快。脑的增大，有些是由于髓鞘的形成，有些是由于树突数量和大小的增加。个体 3 岁时，大脑最快速的增长是发生在额叶。由此可以看出，随着小班幼儿的大脑发展，他们的思维的发展、注意的发展、语言的发展都将得到大幅度的提升。

二、动作发展

随着小班幼儿腿部运动更加自如、身体活动更有目的性，他们在环境中的四处行走也越来越自动化。

3 岁时，幼儿对简单的运动乐此不疲，这纯粹是为了享受进行这些活动的乐趣。在精细动作方面，3 岁的幼儿有时已经能够用拇指和食指夹住极其微小的物体，但这个动作仍然显得有些笨拙。我们在小班春季活动方案"春天来了"主题中的"春天来了"一节中，教师就会指导小朋友用手指蘸上印泥绘画，这样既可以锻炼其的手指功能，又能够培养幼儿对于颜色及画面的审美能力。

4 岁的幼儿会攀爬低矮灌木丛，将其作为展示高超运动技能的体育场。而在精细动作方面，4 岁幼儿的精细运动协调性相比 3 岁幼儿要精确得多。例如：春季活动方案"好吃的食物"主题中"爱心糖果"一节，就可以体验泥工活动的乐趣，提高幼儿的手指灵活性。

三、认知发展

（一）感知觉发展

在感知觉发展上，小班幼儿相比托班幼儿有所发展，但差别不大。3—4 岁的幼儿能更有效地对颜色予以区分。他们已能初步辨认红、橙、黄、绿、蓝等基本色。幼儿的听觉是在生活条件和教育影响下不断发展的，听觉感受性随年龄增长而不断完善。

幼儿方位知觉的发展顺序为先上下、次前后，再左右。通常，3 岁之前的孩子还不能辨别上、下、左、右。3 岁之后才能辨别上下，4 岁能辨别前后。

幼儿的形状知觉逐年发展着。幼儿掌握八种形状的难易顺序依次为：圆形、正方形、三角形、长方形、半圆形、梯形、菱形和平行四边形。圆形最易被幼儿掌握。一般地说，小班幼儿已能正确地辨别圆形、三角形、长方形和正方形。

（二）思维发展

与托班幼儿相比较，小班幼儿的思维水平仍表现出直觉行动思维的特征，即思维依赖于一定的情境。同时，小班幼儿的思维离不开其自身的行动，这时期幼儿的思维活动常常与他们的动作相伴随。由于直觉行动思维是和感知、行动同步进行的，所以，在思维过程中，幼儿只能思考动作所触及的事物，只能在动作中而不能在动作之外思考。

（三）注意发展

幼儿3岁前已出现有意注意的萌芽。进入幼儿期后，有意注意逐渐形成和发展。幼儿期额叶的发展为有意注意的发展准备了条件。有了这个条件，幼儿的有意注意在成人的要求和教育下就逐渐发展着。他们入园后经过一段时间的适应，对于喜爱的游戏或感兴趣的学习等活动，也可以聚精会神地进行。但是，他们的注意很容易被其他新异刺激所吸引，也容易转移到新的活动中去。

（四）记忆发展

小班幼儿随着生活经验的丰富，口头言语的发展，以及神经系统特别是颞叶的成熟，他们的记忆较幼儿前期儿童的记忆无论在量上和质上都有了发展。幼儿期所获得的知识，多半是在游戏和其他活动中"自然而然"地记住的，有的甚至保留终身。

（五）想象发展

进入幼儿前期，幼儿的知识经验积累得更多，言语能力大大地提高，思维水平也得到一定程度的发展，于是在他们的学习、生活、劳动、游戏等活动中，想象活动踊跃地表现出来。小班幼儿的再造想象占主要地位，表现为想象在很大程度上具有复制性和模仿性。想象的内容基本上重现一些生活中的经验或作品中所描述的情节。

四、语言发展

幼儿在出生后的三年中，由于受到成人的言语教育，以及言语器官、神经组织的成熟，他们的言语在不断发展，到了幼儿期，儿童言语的发展进入了一个新的时期。为此，必须重视幼儿的语音教学，特别是4岁前后的幼儿，更要注意实施正确的语音教学。幼儿末期的儿童只要不是生理缺陷，在正确教育的影响下，都能正确发出各种语音。

五、情绪情感发展

小班幼儿仍然十分依恋父母和老师，尤其需要得到亲近成人的微笑、拥抱、拍拍、摸摸等肌肤相亲的爱抚动作。愿意和喜爱的教师接近，在喜爱的教师身边，往往情绪愉快，行动积极。

小班幼儿对别人的意见、别人感情的反应敏感性增强，当做错事受到成人批评时，会感到害羞、难为情。小班幼儿容易激动，常常越哭越兴奋，甚至全身抖动，用抚爱的声调说话，让他感到亲切，情绪上渐渐不再对立，等他完全冷静下来以后，才能对他进行说理教育。

六、社会性发展

3岁左右，幼儿产生真正的自我意识后，常常出现的"违拗"行为，会在幼儿3—4岁时达到高峰期，心理学上称为"第一反抗期"。另外，小班幼儿的自我控制能力还不是很强，越小的幼儿越是难以控制自己的行为。但幼儿可以从自我为中心慢慢地开始逐渐转变，出现了较多地师幼互动、同伴交往，但有时会因为玩具分配等而出现侵犯性行为。

七、对教育的启示

有鉴于小班幼儿生理和心理发展的特点，在设计教育教学活动时需要特别注意以下几点：

1. 为了给幼儿提供尽可能多的活动机会和条件，小班的一日生活必须由形式多样的游戏贯穿，对幼儿动作发展的个体差异，要予以充分的理解和接纳，并为每位幼儿提供有效的帮助。

2. 小班幼儿的注意是无意注意占优势，有意注意只初步形成。他们逐渐能够依照要求，主动地调节自己的心理活动集中指向于应该注意的事物。在良好的教育条件下，一般也只能集中注意3—5分钟。所以为小班幼儿制作图片，内容应尽量地简单明了，突出中心。

3. 教育活动的内容要力求新颖、生动，使小班幼儿感兴趣。奇妙有趣的童话，轮廓鲜明的图形，简短活泼的歌曲，生动形象的舞蹈，会动发声的玩具等，都是比较适合教育活动的内容。

4. 在教育活动的设计的操作中，要重视教师的示范。由于小班幼儿的心理特点决定了他们的模仿能力突出，所以，教师需要在设计时充分考虑自身的语言和行为，特别是活动中需要动手操作的部分，更要在实施教育活动前进行练习，保证示范的正确性。

5. 保护好奇心，激发求知欲。幼儿刚接触社会，世界对他们来讲都是新鲜有趣、具有吸引力的，好奇是幼儿心理的一个特点，教师对此要加以重视。

1 自我介绍

活动目标	**1. 认知目标：** 了解身体各部位，能说出各部位名称。
	2. 技能目标： 学习撕贴的方法，能把贴纸贴在正确的位置。
	3. 情感态度目标： 对贴纸感兴趣，喜欢进行手工活动。
相关领域	语言领域：能够大胆讲述自己的喜好与兴趣。 社会领域：对群体活动有兴趣。
活动准备	人形帆布手偶、眼睛、不干胶贴纸； 水彩笔(创意工具包内)。
活动过程	**一、导入** 教师出示一个手偶的完成品，套在手上边舞动手偶边作自我介绍，引发幼儿对手偶的兴趣。 **二、基本部分** （一）认识材料 1. 教师介绍材料的使用方法。 2. 引导幼儿观察自己身体的结构，并说出各部分的名称。 3. 幼儿观察自己穿的衣服有什么特点，并说出来。 （二）了解帆布手偶的基本部分，引导幼儿粘贴到正确位置。 1. 引导幼儿把手偶分部分认识手偶，如：头、胳膊、身体。 2. 引导幼儿在帆布手偶上正确贴上各部位的贴纸。（如：头发贴在头上、裙子穿在身上、眼睛贴在脸上等。） （三）幼儿操作，教师指导幼儿注意粘贴到正确的位置 1. 教师进行巡回指导，适当帮助个别制作有困难的幼儿。 2. 请幼儿拿着自己做好的手偶进行自我介绍。 **三、小结** 　　我们制作了代表自己的手偶，并大胆地在小朋友面前介绍了自己，这样我们大家就互相认识了，希望小朋友们在集体生活里团结友爱。
活动延伸	引导幼儿观察小动物的特征，并制作出小动物的手偶。

制作步骤：

1. 准备好材料包（含有：白坯人 形手偶、转动眼睛、不干胶贴纸）。

2. 根据自己需要，撕下贴纸上的 形状。

3. 将贴纸上的形状粘贴在人偶的 相应位置上。

4. 贴上眼睛。

5. 还可以用水彩笔涂画装饰手偶 完成后，小朋友可以套在手上进 行自我介绍。

图例欣赏：

教学随笔：_____

_____

_____

_____

_____

_____

2 老师，我爱你

活动目标	**1. 认知目标：** 学习用图形贴纸有规律装饰贺卡的基本方法。
	2. 技能目标： 根据自己的意愿，自由选择图形贴纸按图示要求装饰贺卡。
	3. 情感态度目标： 通过活动表达幼儿对教师和幼儿园的喜爱。
相关领域	数学领域：能感知基本的空间位置与方位，理解上下、中间、旁边等方位词。 社会领域：让幼儿感受到家庭的温暖、老师的和蔼可亲，对抚育自己的人产生感激之情。
活动准备	EVA散片、丝带； 双面胶（创意工具包内）。
活动过程	**一、导入** 1. 语言引导：请幼儿想一想都过过什么节日？幼儿自由发言（儿童节、母亲节、父亲节等等）。 2. 小结：小朋友们的节日是儿童节，爸爸妈妈的节日是母亲节、父亲节， 3. 引题：谁知道教师节是哪一天？ **二、基本部分：** （一）初步了解教师节 1. 教师告诉幼儿，每年的9月10日都是教师节。 2. 引导幼儿说一说教师节是谁的节日，小朋友们可以做些什么祝福老师？ （二）探索制作 1. 教师出示已做好的贺卡并介绍材料。 2. 教师引导幼儿说一说贺卡上都有哪些形象（鲜花、爱心树、杯子等）。 3. 幼儿自主制作贺卡，教师引导幼儿将EVA散片在贺卡上组装成漂亮的形象。 4. 用丝带穿入两张EVA片的小圆孔内，把两张EVA片连接起来。一张贺卡就制作好了。 （三）师生互动 引导幼儿将自己制作好的贺卡送给自己喜欢的教师，并说一句祝福的话。 **三、小结** 小朋友们制作的贺卡都很漂亮，同时还知道了每年的9月10日都是教师节。
活动延伸	幼儿可以把贺卡带回家，请家长帮忙写上自己想送给老师的祝福。

制作步骤:

1. 准备好材料包（含有：EVA 散片、丝带）。

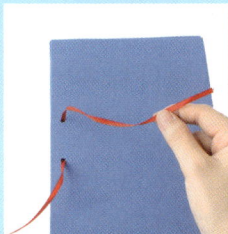
2. 把丝带穿入两张EVA片的小圆孔内，将两张EVA片连接。

3. 撕开散片背面的胶。

4. 在贺卡上粘贴花朵。

5. 将各个散片对应位置正确地粘贴上。

6. 漂亮的EVA贺卡完成了，也可以在里面写上对老师祝福的话。

★ 每个小朋友拿到的图案可能会不一样，但操作方法是一样的。

图例欣赏:

教学随笔: _____

_____

_____

_____

_____

_____

_____

3 我的幼儿园

活动目标	1. **认知目标：** 学会辨别圆形、正方形、三角形、长方形等几种基本的形状，并能说出名称。
	2. **技能目标：** 用基本的形状拼装出自己喜欢的幼儿园，发展建构能力。
	3. **情感态度目标：** 感受不同形状在生活中起到的作用，体验建构游戏带来的乐趣。
相关领域	科学领域（数学活动）：图形分类。
活动准备	彩色印刷底板、几何形不织布片、EVA边框条。
活动过程	**一、导入** 引导幼儿说一说自己喜欢什么样的幼儿园，希望幼儿园里有什么？ **二、基本部分** （一）观察探索 1. 教师带幼儿在户外观察自己的幼儿园是什么样的。是高的？是矮的？有窗户有门么？门和窗户都在上面还是都在下面？请幼儿仔细观察并说明原因。 2. 请幼儿讨论为什么房屋都是竖立在地面上的，为什么没有斜着建的, 说说原因。 （二）幼儿自由选择形状拼装，动手操作。 1. 教师发放材料，介绍材料。 2. 教师示范粘贴材料，撕开不织布贴片的背胶，粘贴在自己喜欢的位置。 3. 引导幼儿自由拼装房屋，教师进行个别指导。 4. 展示、交流——我的幼儿园。 5. 教师引导幼儿进行作品展示，并给自己的幼儿园起名字。 **三、小结** 　　本节活动我们用基本的几何图形拼建了自己喜欢的幼儿园，自由活动时间大家可以用这些图形拼建其他的建筑物。
活动延伸	找出生活中的图形。

制作步骤：

1. 准备好材料包（含有：底板纸卡、EVA边框条、几何形不织布贴片）。

2. 先撕开EVA条背面的胶。

3. 将EVA条沿着底板四周的边粘贴。

4. 揭开不织布形状片。

5. 根据自己的喜好，用几何形不织布片在底板上拼出彩色的房子。

图例欣赏：

教学随笔： _____

_____

_____

_____

_____

_____

_____

4 动物笔筒

活动目标	1. **认知目标：** 学习穿插的基本方法。
	2. **技能目标：** 用穿插的方法，组装成立体可爱的动物形象笔筒，并创意装饰小动物。
	3. **情感态度目标：** 体验制作的快乐，分享完成后的喜悦。
相关领域	语言领域：尝试说出制作笔筒所用到的材料名称。 科学领域：鼓励幼儿接近大自然，了解各种动物的特征与喜好。
活动准备	厚EVA片、带胶EVA散片。
活动过程	**一、导入** 教师出示已做好的笔筒，引导幼儿观察探讨。 这个笔筒是什么形象的，使用什么材料做成的? **二、基本部分** （一）观察探讨 1. 引导幼儿观察小动物形象为什么能够站起来。 2. 教师将笔筒慢慢地拆开，让幼儿发现穿插的秘密。 （二）制作过程 1. 引导幼儿将厚EVA相应的对着孔穿插成立体笔筒的外形。 2. 请幼儿说一说自己做的笔筒是什么形象，并说一说其形象的特点（如：蝴蝶是对称、小鱼有鱼鳍等）。 3. 分发材料，请幼儿做一做笔筒，教师巡回指导。 （三）展示作品 1. 幼儿展示作品并说一说制作过程。 2. 将作品放到展示区展示。 **三、小结** 　　今天我们学会了穿插的方法，并制作出了立体的笔筒，放在展示区展示。
活动延伸	1. 带回家放到爸爸妈妈的电脑旁边，作为礼物送给父母。 2. 摆放在幼儿床边装一些幼儿喜欢的小玩具。

制作步骤:

1. 准备好材料包（含有：厚EVA片、带胶EVA散片）。

2. 将厚EVA片对应穿插孔，组装完成一个立体笔筒的外形。

3. 撕开散片背面的胶。

4. 把散片正确地组合粘贴在小鱼笔筒的身上。

5. 一层层地叠加粘贴。

6. 可爱的小鱼笔筒完成了。

★ 每个小朋友拿到的笔筒造型可能会不一样，但操作方法是一样的。

图例欣赏:

教学随笔: _____

5 **水果大丰收**

活动目标	**1．认知目标：** 了解搓、按、团、压扁的基本技能，学习水果的制作步骤。 **2．技能目标：** 学会用搓、按、团、压扁动作技能，制作自己喜欢的水果。 **3．情感态度目标：** 体验泥工活动的乐趣，提高幼儿的手指灵活性。
相关领域	科学领域：初步了解各种水果的产地。 健康领域：知道水果的营养成分。 语言领域：能够说出多种水果的名称。 社会领域：与同伴分享自己喜欢的水果。
活动准备	4色超轻纸粘土。
活动过程	**一、导入** 教师出示纸粘土引导幼儿说一说都是什么颜色？ **二、基本部分** （一）说说都有哪些水果 1．教师引导幼儿说一说：都有哪些食物是红色的、绿色的、黄色的、紫色的。 2．并引导幼儿说出自己说的水果都是什么形状的。 （二）制作水果 1．教师将材料发给幼儿，示范用搓、按、团、压扁等动作技能，制作水果。用团圆的技巧制作樱桃；用搓的技巧制作樱桃把；用压扁的技巧制作樱桃叶。 2．引导幼儿结合生活经验制作一种自己喜欢的水果。 3．教师巡回指导。 （三）我喜欢的水果 1．教师引导幼儿，结合生活经验制作出自己喜欢吃的水果。 2．将制作好的水果放到展示区展示。 **三、小结** 　　活动中通过用超轻粘土制作水果，让幼儿学会了用搓、按、团、压扁动作技能，体验泥工活动的乐趣，将各种水果放在区角，自由活动时间进行区角游戏。
活动延伸	将自己喜欢的水果带到幼儿园与小朋友分享。

制作步骤：

1. 准备好材料包（含有：4色超轻粘土）。

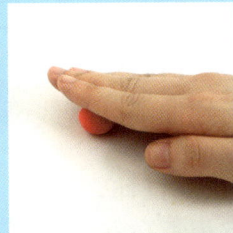

2. 先用红色的粘土把它揉搓成球状。

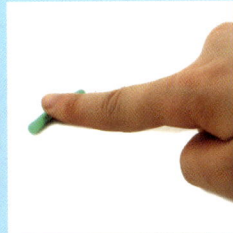

3. 再用绿色的粘土制作出杆子。

4. 将枝杆与小樱桃粘在一起。

5. 再用绿色粘土做出叶子。

6. 把叶子粘到正确的位置上，可口的樱桃完成了。

★ 小朋友可以根据不同颜色的粘土制作出不同的水果造型。

图例欣赏：

教学随笔：

6 苹果树

活动目标	**1. 认知目标：** 学习用曲线、直线画树叶，并掌握粘贴的基本方法。	
	2. 技能目标： 能够根据自己的生活经验画出树叶，并完成作品《苹果树》。	
	3. 情感态度目标： 乐意参与美工活动，在活动中保持愉快的情绪，体验美工制作的快乐。	
相关领域	语言领域：能够说出多种水果和树木的名称。 社会领域：学会与其他小朋友分享。	
活动准备	木质穿插树、苹果贴纸； 水彩笔（创意工具包内）。	
活动过程	**一、导入** 教师引导幼儿说一说最喜欢吃什么水果，吃起来是什么味道的。 **二、基本部分** （一）认识苹果树 1. 教师出示苹果树图片，引导幼儿说一说是什么？（大树） 2. 大树上面缺少了什么？（叶子和果子） （二）学习制作方法 1. 教师发放材料，引导幼儿将树叶画在树枝上，并将树干用竖涂的方法涂上相应的颜色。 2. 教师引导幼儿想象自己心目中的茂盛的大树是什么样的，用曲线和直线绘画树叶。 3. 教师巡回指导。 4. 教师引导幼儿将苹果贴纸揭下来，粘在大树上，这样苹果树就做好了。 5. 可是苹果树站不起来，引导幼儿观察剩余的一块木质插片，并将另一块小木质插片穿插起来，苹果树就可以站立了。 （三）作品展示 教师引导幼儿将自己的苹果树放到指定的作品区展示。 **三、小结** 　鼓励幼儿用曲线或直线画出形状不一的叶子，激发幼儿对创意美术的热爱。	
活动延伸	回到家可以画出大树的轮廓，绘画出各种水果树。	

制作步骤:

1.准备好材料包(含有:木质树、穿插片、苹果贴纸)。　　2.用水彩笔给大树涂上颜色,并画上树枝和叶子。　　3.撕开苹果背面的胶。　　4.将不同大小的苹果粘到树上。　　5.最后把树和小木片穿插起来,使它站立。

图例欣赏:

教学随笔: _____

_____

_____

_____

_____

_____

7 五谷丰登

活动目标	1. **认知目标：** 知道秋天是个丰收的季节。
	2. **技能目标：** 学习镭射纸转印的方法，锻炼手指小肌肉的发展。
	3. **情感态度目标：** 对手工制作感兴趣。
相关领域	社会领域：知道这个季节能给我们的生活带来什么。
活动准备	彩色印刷底板、带胶底板、镭射纸； 双面胶（创意工具包内）。
活动过程	一、**导入** 故事引题：秋天到了，农民伯伯种的水果、庄稼成熟了，农民伯伯真开心啊，他们的箩筐都装满了，红红绿绿的，看上去真好看。一天，小老鼠把箩筐里的水果都吃光了，农民伯伯真伤心啊，我们一起来帮农民伯伯搭个小房子把水果都藏到房子里吧。 二、**基本部分** （一）教师讲解制作步骤 1. 教师引导幼儿认识制作材料。 2. 讲解制作方法：取出材料包，给底板白色一面贴上双面胶，粘贴到彩色底板相应位置。 3. 撕开黄色背胶，把镭射纸转印到画上，印满整个小房子。 （二）幼儿尝试操作 1. 教师引导幼儿根据讲解步骤进行粘贴制作。 2. 重点提示幼儿镭射纸转印的技巧， 3. 教师巡回指导，适当帮助个别制作有困难的幼儿。 （三）作品展示 幼儿将作品展示在展台，与农民伯伯一起庆祝丰收。 三、**小结** 　　通过学习镭射纸转印的方法，锻炼幼儿手指小肌肉的发展，感受丰收的季节帮助农民伯伯的愉快。
活动延伸	将成品投放到语言区，进行故事讲述。

制作步骤:

1. 给带胶底板的背面贴上双面胶。

2. 将带胶底板对应底板场景上的图案对齐粘贴。

3. 撕开胶面（注意：局部地撕）。

4. 将镭射纸银色的一面朝下，用手轻轻按压平整，揭开镭射纸，会发现美丽的色彩转印到了底板上。

⭐ 每个小朋友拿到的镭射纸的颜色可能会不一样，但操作方法是一样的。

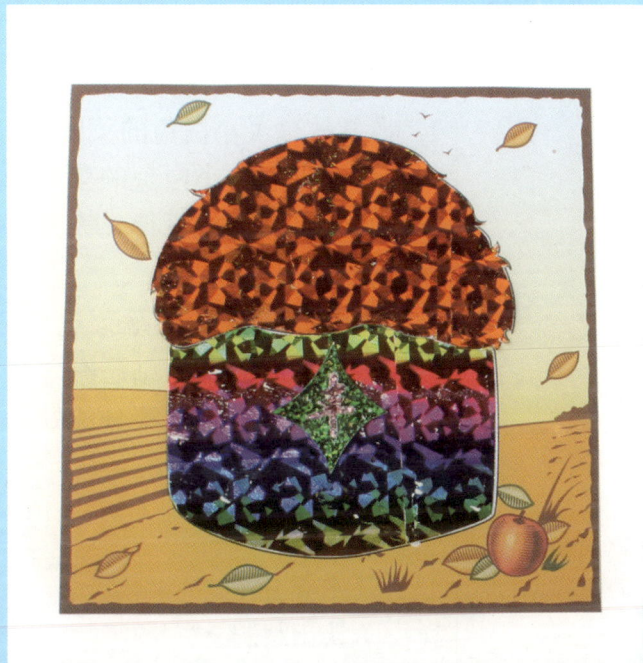

图例欣赏:

教学随笔: _____

_____

_____

_____

_____

_____

8 蔬菜印章

活动目标	1. **认知目标：** 初步感受用印章绘画的技巧。
	2. **技能目标：** 学习印章绘画的技巧，印出造型简单、色彩鲜明的美术作品。
	3. **情感态度目标：** 对印章印画感兴趣，培养审美能力。
相关领域	科学领域：蔬菜的成长过程。 健康领域：好吃的蔬菜。
活动准备	彩色印刷底板、EVA印章、印泥。
活动过程	一、导入 1. 欣赏故事《小白兔的菜园子》 　　秋天到了，小白兔的菜园子里可是大丰收啊，快看，快看。它的胡萝卜长得又大又粗，大辣椒长得又大又水灵儿，南瓜长得和小白兔一样大，小兔子的嘴乐开了花。 　　它正想着这么多蔬菜这个冬天怎么吃得完呢？它又想了想，春天播种的时候，姨妈、叔叔、姑姑还有邻居小松鼠都来帮忙种地了，这么好的收成也有它们的功劳。于是就将蔬菜分给姨妈、叔叔、姑姑还有邻居小松鼠一部分，这样它们也能美美地吃一冬天啦。 2. 提问：故事里有哪些小动物，它们种了哪些蔬菜？ 二、基本部分 （一）认识材料 1. 出示图片，引导幼儿观察图画的内容（有南瓜、胡萝卜、辣椒等），这些蔬菜的叶子是什么样的？ 2. 引导幼儿结合绘画经验，说说这些蔬菜的图案是怎么画上去的。 3. 教师总结并介绍材料——印章 （二）初步了解印画的基本方法，引导幼儿印章印画 1. 教师示范用印章在印泥上蘸一下，再印到蔬菜叶子相对应的位置。 2. 请幼儿想好要印的内容，然后用印章蘸上印泥印在纸上，印画时请幼儿保持卫生。 3. 教师巡回指导，提醒幼儿印章不要印得太密。 （三）完成作品 三、小结 　　小印章的本领真大，蘸一蘸，印一印，就帮助小白兔丰收了那么多蔬菜，这回小白兔可以美美地过冬天了。
活动延伸	美工区投放印章、印泥等材料供幼儿练习印画。

制作步骤：

1. 准备好材料包（含有：A4底板纸卡、EVA印章、印泥）。

2. 将EVA印章按一下印泥。

3. 根据印章上面的图案相应地印到属于它的叶子下面。

4. 让小朋友们更好地认识和了解蔬菜。

图例欣赏：

教学随笔： _____

_____

_____

_____

_____

_____

9 认识五官

活动目标	1. **认知目标：** 认识双面胶，了解双面胶的使用方法，能正确地使用双面胶粘贴物品。
	2. **技能目标：** 能使用双面胶完成粘头发的制作，并能在教师的引导下完成面具的绘画。
	3. **情感态度目标：** 幼儿喜欢参与制作面具的活动，能在活动中获得愉快的情绪体验。
相关领域	健康领域：认识五官,知道怎样保护自己的五官，注意五官卫生。
活动准备	白坯纸浆面具、毛线； 颜料、笔刷、双面胶（创意工具包内）。
活动过程	**一、导入** 1. 教师出示制作完的面具，引导幼儿观察并说一说面具上有什么。（头发、眼睛、嘴巴等五官） 2. 教师出示一个空白面具，请幼儿把它和制作好的面具比一比，有什么不一样。 **二、基本部分** （一）教师出示双面胶，了解双面胶的使用方法 1. 教师出示双面胶，让幼儿认识。 2. 教师讲解并示范双面胶的使用方法。 （二）教师出示面具，认识五官，并演示制作步骤 1. 教师出示面具，观察面具上面都有哪些五官，让幼儿说一说。 2. 教师示范制作面具的方法，让幼儿知道五官的位置，在上面画上相应的颜色。 3. 重点指导头发粘贴。 （1）教师出示双面胶，告诉幼儿这个是要粘头发的。 （2）教师演示操作过程：将双面胶贴在面具的额头上，将毛线剪成自己需要的长度，贴在双面胶上做头发，在面具上涂上颜色。 3. 幼儿操作，教师进行个别指导。 （三）展示作品 请幼儿把制作好的面具展示出来，介绍一下自己做的面具。 **三、小结** 　　教师引导幼儿整理自己的教具，将面具直接戴在脸上进行情景剧表演。
活动延伸	幼儿可以带回家给爸爸妈妈指一下面具上的五官对应位置。

制作步骤：

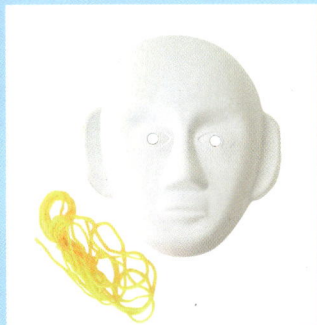

1. 准备好材料包（含有：白坯面具、毛线）。

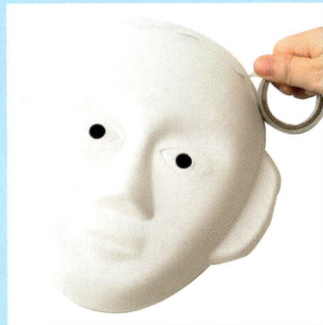

2. 在面具的额头处贴上双面胶。

3. 用毛线作为头发，粘在双面胶上，根据自己的想象粘出各种发型。

4. 最后用颜料给面具画上五官，完成后可直接戴在脸上。

★ 小朋友拿到的毛线颜色可能会不一样，但操作方法是一样的。

图例欣赏：

教学随笔：

10 人形刮刮卡

活动目标	**1. 认知目标：** 认识刮画材料，学习刮画的基本方法。 **2. 技能目标：** 能使用木棒完成刮画的制作，并能说出身体各部位的名称。 **3. 情感态度目标：** 了解自己的身体，同时体会活动的乐趣。
相关领域	健康领域：正确认识身体部位，并说出名称。 社会领域：能和小朋友进行合作，并进行友好的沟通。
活动准备	人形刮刮卡、刮画小木棒。
活动过程	**一、导入** 教师出示人形刮刮卡，请幼儿说一说人形卡身体的各个部位名称。 **二、基本部分** （一）认识刮画材料，了解刮画的技巧 1. 教师出示人形刮画，让幼儿说一说怎么在黑色底纸上画上颜色。 2. 教师讲解并演示刮画纸的特点和使用方法：根据刮画卡上的人形，用小木棒的尖头在刮画卡上刮出身体部位，并画上自己喜欢的图案。 3. 请个别幼儿来尝试感受一下刮画。 （二）尝试创作 1. 教师鼓励幼儿在人形刮画卡上创作出不同衣服和头饰，教师进行指导。 2. 幼儿自己找伙伴，将刮刮卡刮出小伙伴的样子。 （三）展示作品 将幼儿的作品集齐在一起，进行一个作品展览会。 **三、小结** 教师引导幼儿整理自己的教具，总结在刮画中遇到的困难并记录下来。
活动延伸	在活动结束后，将材料投放到区角中去让幼儿进一步探索刮画的秘密。

制作步骤：

1. 准备好材料包（含有：人形刮刮卡、刮画小木棒）。

2. 先用小木棒的尖头给人形刮刮卡刮出五官。

3. 再刮出衣服和裤子等图案。

4. 小朋友根据自己的想法刮出不同的人物形象。

图例欣赏：

教学随笔：

_____

_____

_____

_____

_____

_____

11 身体拼图

活动目标	1. **认知目标：** 了解拼图的基本技巧和方法，能正确塑造人物形象。
	2. **技能目标：** 能正确区分身体部位，能够自己独立完成拼图及涂色。
	3. **情感态度目标：** 在活动中获得愉快的情绪体验，能说出自己身体上的部位。
相关领域	健康领域：能够正确的区分身体部位。
活动准备	人体拼图一套； 水彩笔（创意工具包内）。
活动过程	**一、导入** 1. 教师带领幼儿一起唱《身体音阶歌》，摸摸自己身体的各个部位。 2. 请幼儿说说自己身体的各部位名称。 **二、基本部分** （一）教师出示身体拼图，区分身体各个部位 1. 教师出示身体拼图，让幼儿指出身体的各个部位。 2. 教师把拼图分开来让幼儿根据身体局部特征观察，不同拼图代表身体哪个部位。 （二）教师出示拼图的图片，示范制作步骤 1. 教师出示拼图图片，引导幼儿发现拼图的人物衣服没有颜色。 2. 教师引导幼儿要先给拼图涂色，再把拼图分开来进行拼图制作。 3. 幼儿涂色制作，教师进行个别指导。 （三）幼儿玩制作好的拼图 幼儿自己进行拼图的操作，可以和旁边的小朋友一起交流分享。 **三、小结** 　　教师引导幼儿整理自己的教具，请幼儿将自己拼图中的技巧和他人分享。
活动延伸	幼儿可以在区角中找到类似的教具，进行其他事物的区分。

制作步骤：

1. 准备好人体拼图材料包（拼图块）。

2. 用水彩笔给拼图上的衣服裤子及帽子等涂上自己喜欢的颜色。

3. 将各散片组合拼成男孩形象。

4. 男孩拼图完成。

★ 小朋友拿到的形象可能会不一样，但操作方法是一样的。

图例欣赏：

教学随笔：

12 身体内脏认知

活动目标	**1. 认知目标：** 初步了解人体内脏名称和作用。
	2. 技能目标： 掌握双面胶的使用方法，学习粘贴的基本技能。
	3. 情感态度目标： 培养幼儿增强身体锻炼，提高身体体质。
相关领域	健康领域：让幼儿了解身体内脏的功能。
活动准备	人体印刷纸板、人体内脏不织布散片； 双面胶（创意工具包内）。
活动过程	**一、导入** 1. 教师出示人体内脏的图片，激发幼儿的探索兴趣。 2. 请幼儿说一说自己认识的内脏部位。 **二、基本部分** （一）了解身体内脏 1. 教师引导幼儿认识人体各个内脏的名称。 2. 让幼儿初步了解各个内脏的功能。 （二）分享制作 1. 教师示范制作过程：先将无纺布内脏贴上双面胶，找到纸板上相应的内脏位置贴好，把所有内脏都贴在相应的位置上。 2. 分发材料，幼儿制作。 3. 教师巡回指导，重点指导幼儿使用双面胶的方法。 （三）我的身体我知道 1. 让幼儿了解内脏的功能，如：我们把吃进肚子的食物放到胃里、我们呼吸的空气会到我们的肺里等。 2. 等幼儿熟练后，请幼儿互相问答加深幼儿对自己身体的认识。 **三、小结** 　　通过活动让幼儿了解自己的身体，加强身体锻炼，提高身体体质。
活动延伸	1. 了解不同的食物对不同的内脏有好处，养成不挑食、不偏食的好习惯。 2. 在家里可以和爸爸妈妈多进行身体锻炼，提高身体体质。

制作步骤:

1. 准备好材料包（包含：人形印刷纸卡、无纺布人体内脏形状片）。

2. 给无纺布内脏散片贴上双面胶。

3. 展开人形纸卡，将各个内脏形状片贴到对应的位置上。

4. 把各个内脏散片正确地粘贴好，并能说出它们的名称。

图例欣赏:

教学随笔: _____

_____

_____

_____

_____

_____

13 一起开party

活动目标	**1. 认知目标：** 认识棒铃，知道棒铃的作用。
	2. 技能目标： 学习使用颜料在棒铃上刷色的方法，了解分层刷颜色的基本技能。
	3. 情感态度目标： 对美术活动感兴趣，感受声音带给人们的乐趣。
相关领域	科学领域：初步了解声音的由来。 艺术领域：运用制作好的棒铃打节奏。
活动准备	木质棒铃； 颜料、笔刷（创意工具包内）。
活动过程	**一、导入** 教师出示各种乐器，引导幼儿认识并说出名称。 **二、基本部分** （一）教师引导幼儿认识棒铃 1. 教师出示棒铃，引导幼儿说出它的名称。 2. 出示制作完成的棒铃，引导幼儿发现，说说和刚才的棒铃有什么地方不一样。 （二）分享制作 1. 教师示范操作方法，先将棒铃涂上底色，然后将手拿的部分分层次涂上颜色。 2. 底色干了以后可以在上面添画彩色的圆点或自己喜欢的图案。 3. 分发材料，幼儿制作。 4. 教师巡回指导。 （三）作品展示 1. 幼儿展示作品，说说自己的作品和别人的有什么不一样。 2. 幼儿互相欣赏，玩玩棒铃。 **三、小结** 　　通过本次活动，让幼儿认识了几种棒铃，并对棒铃进行涂色装饰，感受自制乐器的愉快。
活动延伸	把棒铃投放到表演区，在自由活动时间可以与其他乐器配合进行打击乐。

制作步骤:

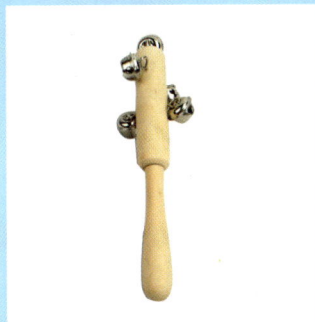

1. 准备好材料包(含有:木质铃棒一个)。

2. 给铃棒涂上底色。

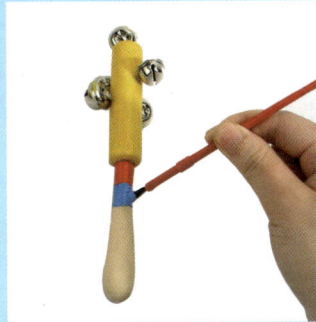

3. 也可以给手柄部分涂上颜色。

4. 在底色上点上彩色的小圆点,完成涂画,待干后,小朋友可以手握摇铃进行音乐Party节奏表演。

图例欣赏:

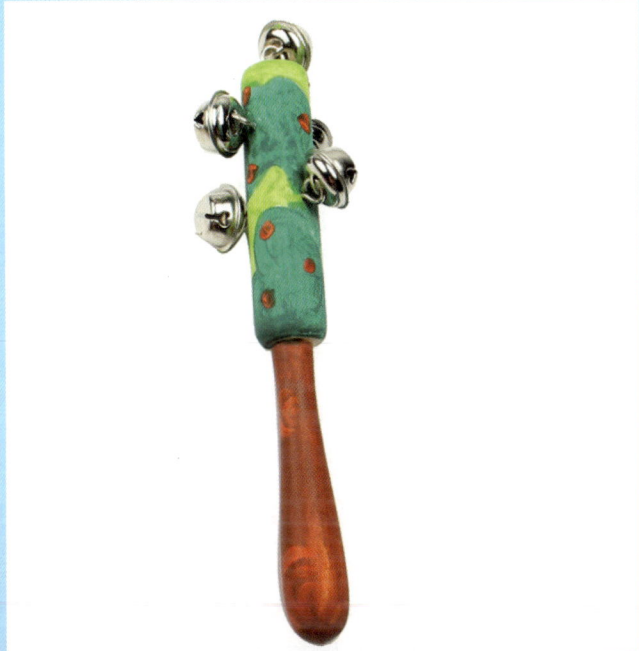

教学随笔: _____

_____

_____

_____

_____

_____

14 七彩的圣诞树

活动目标	**1. 认知目标：** 学习魔法玉米粒的粘合方法，并有序排列。
	2. 技能目标： 正确掌握魔法玉米的粘合方法，完成制作。
	3. 情感态度目标： 喜欢动手操作，并养成有序做事的习惯。
相关领域	语言领域：可以独立表达自己的喜好。 科学领域：简单了解常青植物。
活动准备	魔法玉米粒、塑料小刀、吸水不织布片、圣诞底板。
活动过程	**一、导入** 教师提问：你见过圣诞树吗？ 你觉得圣诞树是什么样的？ **二、基本部分** （一）教师出示魔法玉米粒，了解魔法玉米粒的使用方法 1. 教师出示魔法玉米粒，让幼儿认识。 2. 教师讲解并演示魔法玉米粒的使用方法。 （二）教师出示圣诞树并演示制作步骤 1. 教师出示已经沾水的不织布。 2. 教师演示制作松树的方法，让幼儿知道要有秩序地将魔法玉米粘在底板上。 （1）先是有秩序地粘贴，也可以用塑料小刀将魔法玉米变成小块。 （2）按照自己的喜爱进行粘贴。 3. 幼儿操作，教师进行个别指导。 （三）展览会 请幼儿将作品放在展览台上进行展示。 **三、小结** 　教师引导幼儿独立进行魔法玉米的其他创作。 **安全提示：** 　魔法玉米是以安全的玉米淀粉为原材料加工而成，即使误食也不会影响幼儿健康，但教师在制作前还是要进行安全提示：魔法玉米不是食物，避免幼儿误食。
活动延伸	教师将材料投放到区角中去，让幼儿在休息时间自己创作。

制作步骤：

1. 准备好魔法玉米材料包（含有：魔法玉米粒、塑料小刀、吸水不织布片、圣诞底板）。

2. 用玉米轻轻地沾一下打湿的圆片。

3. 将沾过水的玉米粒直接粘到底板的圣诞树上，用彩色玉米粒粘贴装饰圣诞树。

4. 也可以用塑料小刀把玉米切成小块状。

5. 彩色又立体的圣诞树做好了。小朋友们一起过圣诞吧！

图例欣赏：

 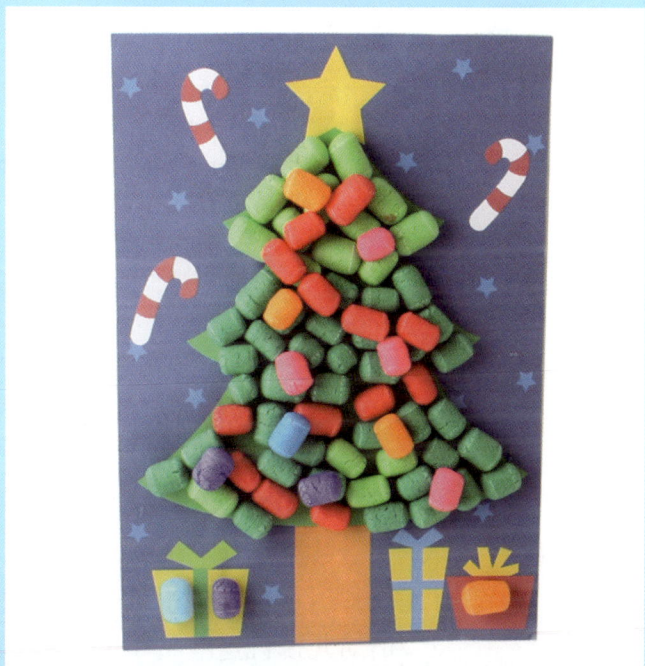

教学随笔：

15 圣诞老爷爷

活动目标	1. 认知目标： 初步了解圣诞节，知道圣诞老人。
	2. 技能目标： 学习用棉花粘贴装饰的方法，发展手眼协调力。
	3. 情感态度目标： 感受圣诞气氛，喜欢圣诞节。
相关领域	语言领域：通过制作后，能用简单的语言表达包饺子或是描述情境。
活动准备	圣诞老人头像、带胶胡须底板、棉花。
活动过程	**一、导入** 　　教师一边播放《圣诞快乐》的音乐，一边带幼儿进入教室，引出快要到圣诞节了，请幼儿和教师一起做做圣诞老人。 **二、基本部分** （一）教师引导幼儿认识材料 1. 教师出示材料，引导幼儿观察材料。 2. 请幼儿说说这些材料的名称，想一想这些材料可以怎样组合做成圣诞老人。 （二）教师示范，幼儿制作 1. 教师出示面具示范制作，先撕开圣诞老人胡须带胶部分，取出棉花，把棉花有序地粘贴在圣诞老人的胡子上。 2. 请个别幼儿示范制作。 3. 教师发放材料，幼儿制作。 4. 教师巡回指导。 （三）作品展示 幼儿展示自己制作的作品，和好朋友互相分享。 **三、小结** 　　通过制作圣诞老人头像，让幼儿了解圣诞节，感受圣诞节的愉快气氛。
活动延伸	区角投放一棵圣诞树，供幼儿自主创意。

制作步骤:

1. 准备好材料包（含有：圣诞老人头像纸卡、双面带胶底板、棉花）。

2. 撕开胡须一面的胶，对应圣诞老人头像粘合。

3. 撕开胡须另一面的胶。

4. 把每个棉花松散开，粘贴在老爷爷的胡须上。

5. 可爱的圣诞老爷爷做好了，还可以用水彩笔给帽子添色，进行图案装饰。

图例欣赏:

教学随笔: _____

_____

_____

_____

_____

_____

16 甜蜜蜜

活动目标	**1. 认知目标：** 了解新年习俗，感受新年里的快乐氛围。
	2. 技能目标： 能用皱纹纸将笔筒卷入，用毛根将两侧绑好，并用绘画或粘贴的方式装饰糖果。
	3. 情感态度目标： 让手指更加灵活，并在活动中感受新年的氛围。
相关领域	社会领域：了解新年的相关知识和习俗。 健康领域：练习打结等生活技能。
活动准备	纸筒、毛根、皱纹纸、水彩笔和EVA贴片（工具包内）； 准备新年、糖果相关的图片。
活动过程	**一、导入** 1. 谈话导入。 教师："小朋友们，在新年里你们都会做什么呢？会吃什么好吃的呢？" （将糖果引出） 2. PPT引导：观看糖果的一些图片激发孩子的想象力。 3. 激发制作兴趣。 　　今天我们就要为新年准备美味的糖果，跟我们的家人和朋友一起分享它们的美味哦。小朋友们，你们想制作什么味道的糖果呢？ **二、基本部分** （一）教师示范制作 1. 用皱纹纸将纸筒包入其中。 2. 用毛根将两侧绑好。 3. 在做好的糖果上用水彩笔或者EVA贴片装饰。 （二）幼儿制作 1. 教师发放材料，幼儿制作。 2. 教师巡回指导。 （三）作品展示 幼儿展示自己制作的作品，和好朋友互相分享。 **三、小结** 通过制作糖果让幼儿感受新年愉快的气氛，和家人朋友分享新年的喜悦。
活动延伸	可以将糖果送给自己的家人和朋友。

制作步骤:

1. 准备好材料包(含有:纸筒、毛根、皱纹纸)。

2. 用皱纹纸将纸筒包入其中。

3. 用毛根将两侧的的皱纹纸绑好。

4. 在做好的糖果上画上自己喜欢的图案。

5. 好吃的糖果就做好了,还可以贴上工具包内的EVA贴片做装饰哦!

图例欣赏:

教学随笔:

_____

_____

_____

_____

_____

_____

第三章　中班上学期创意美术活动

在幼儿期，儿童生理各方面在继续生长发育。中班幼儿大多介于4-5岁，4-5岁时身高约为初生时的两倍，体重约为初生时的五倍。在此阶段内，幼儿的心理发展也显现出与之前不同的特点。

一、大脑发展

在幼儿期，脑在结构和机能方面都有明显的发展。神经细胞容积增大，神经纤维增长延伸，使神经细胞之间出现了新的传导通路，便于形成复杂的联系。

在幼儿期，皮层细胞的活动能力随结构的发展而增进，首先表现于兴奋过程的增强，从而使幼儿每日醒着和活动的时间加长，而睡眠的时间可以缩短。同时，抑制过程的发展又使幼儿有可能更好地调节自己的行动，或对各种刺激作细致的分化。虽然在幼儿期兴奋过程和抑制过程都有发展，但两者并不平衡，兴奋过程要强过抑制过程，所以幼儿在行为上往往容易引起兴奋，不易约束自己，也往往容易引起激情，不易控制情绪的爆发和表露。

二、动作发展

在幼儿期，由骨骼和肌肉联合构成的运动器官在发展，调节支配运动器官的能力也在增长，这些为幼儿动作发展准备了条件。成人的指导和鼓励，尤其幼儿园有计划的培育，直接促进了幼儿动作的进一步发展，从而使幼儿动作灵敏协调，姿势正确。

中班幼儿的精细运动协调性得到进一步提高，他们的手、胳膊、手指都在眼睛的良好控制下共同活动。幼儿手腕、手指等小肌肉群的发展较晚较慢，需要较长时间才能加以随意控制。教师不能使幼儿过早地或长时间地进行小肌肉动作，但是要有计划地采取措施促进双手动作的发展。例如：春季活动方案"神奇的植物"主题活动中"时钟花朵"一节，教师指导幼儿使用剪刀，制作花朵和叶子，增强幼儿手部的操作性与协调性。

三、认知发展

（一）感知觉发展

幼儿的感觉和知觉处在迅速发展中。幼儿园有计划进行的感知觉培养，更直接促进了幼儿各种感觉与知觉的继续完善。幼儿前期到幼儿晚期，儿童的视觉敏锐度由低到高发展。因此，建议在教育中要注意指导幼儿掌握明确的颜色名称；通过近似色的对比指导幼儿辨认；使幼儿多接触各种颜色，并经常教育幼儿作精确的辨认。幼儿期对词的言语听觉也在发展。儿童进入幼儿园后通过言语交际和幼儿园语言教育，言语听觉明显发展着。中班幼儿可以辨别语言的微小差别。

中班幼儿能以自身为中心辨别左右；能正确掌握圆形、正方形、三角形、长方形、半圆形、梯形。总的来说，幼儿的空间知觉有明显发展，但还不精确。

（二）思维发展

由于生活范围的扩大、知识经验的积累、语言的丰富和发展，幼儿的思维方式也发生了变化，从原来的直觉行动思维逐渐过渡到具体形象思维。具体形象思维是幼儿期思维发展最主要的特点。中班幼儿的思维主要是具体形象思维，这时儿童能够凭借一些抽象概念进行思维，了解一些事物的本质属性。

（三）注意发展

中班幼儿经过幼儿园一年的教育，无意注意已进一步发展，已经比较稳定。他们对于有兴趣的活动，能够长时间地保持注意。在学习活动中，中班幼儿对感兴趣的，也可以长时间地埋头做。幼儿随着年龄的增长，在正确教育的影响下，有意注意得到发展。在适宜条件下，注意集中的时间可达10分钟左右。

（四）记忆发展

随着言语调节机能的增强和有意记忆的训练，中班幼儿逐步领会了成人向他们提出的各项识记要求，有意记忆开始出现并有所发展。因此，对幼儿进行教学时，必须考虑教材内容的直观形象性、教学形式的具体生动性，这样可以使语词的记忆有表象作支柱；同时也必须注意发挥词在幼儿的形象记忆中的作用。

（五）想象发展

到了中班，尽管幼儿仍以再造想象为主，但较之小班幼儿想象的灵活性有所增加，他们可以不受具体实物的限制。随着幼儿言语的发展和抽象概括能力的提高，在幼儿的再造想象中，出现了一些创造性的因素。

四、语言发展

幼儿发音的正确率与年龄的增长成正比。此时，语音的意识明显发展起来，逐渐开始能自觉地、有意识地对待语音，这表现在他们对别人的发音很感兴趣，喜欢纠正、评价别人的发音，也表现在对自己的发音很注意，积极努力地练习不会发的音。4—5岁是词汇丰富的活跃期，中班幼儿在词汇的数量、词汇的类型、积极词汇等方面都有显著的提高。

五、情绪情感发展

4—5岁儿童的情绪较之3岁儿童更稳定，他们的行为受情绪支配的比例在逐渐下降，开始学着控制自己的情绪。当然，他们并非对所有的事都能调节好，对特别感兴趣的事和物仍然受情绪支配，甚至还会出现情绪"失控"现象，遇到不顺心时仍会大发脾气。

六、社会性发展

中班幼儿在活动中学会交往。4—5岁的儿童喜欢和同伴一起玩，在活动中他们逐渐学会了交往，会与同伴共同分享快乐，还获得了领导同伴和服从同伴的经验。例如：秋季活动方案"圣诞快乐"主题中"圣诞袜"一节中，教师指导幼儿制作圣诞袜，幼儿制作完成后进行相互交换，可以让幼儿主动参与到活动中去，发展幼儿的社会交往能力。

七、对教育的启示

根据中班幼儿在心理发展的各项特征，教师在设计教育活动时需要特别考虑以下几方面问题。

1. 教育活动设计仍需强调直观性原则。

幼儿的第二信号系统虽然进一步发展，但还很脆弱，成人在指导幼儿学习或组织幼儿的行为时，不能单凭口头语词或抽象概念，而必须贯彻直观性原则，多用具体实物、图像、形象化语言，或树立具体的行为榜样，以取得实际教育效果。

2．有效提高幼儿的想象能力

首先，要丰富儿童的知识经验；其次，通过幼儿的游戏以及绘画、泥工、音乐、常识等教学活动，有目的地引导幼儿进行有意想象，锻炼他们的想象能力；再次，从幼儿原有水平出发，逐步提高要求，促进想象的发展。

3．慎重对待幼儿"说谎"现象

中班幼儿还容易出现想象同现实混淆的情况。中班幼儿有时把渴望得到的东西说成已经得到的东西；把希望发生的事情当做已经出现的事情来描述。这些就是想象同现实混淆的表现。教师常常利用幼儿的这一特点，在组织幼儿的学习活动时，一方面使幼儿在想象中如同故事或游戏中的角色一样活动，分享角色的乐趣，在轻松愉快的气氛中来接受教育；另一方面尽量避免引起恐怖、害怕等情绪。

4．引导幼儿积极从事有创造想象参与的思维活动

思维起于问题，但不是任何问题的解答都需要有想象成分参与。在平时的游戏、学习等各种活动中，要鼓励、支持和肯定幼儿一切创造性的活动。解决问题的合理性会随着幼儿知识经验的积累而逐渐成熟，思维活动的创造性也会在教育影响和实践活动中逐渐发展。

1 我爱老师

活动目标	**1. 认知目标：** 知道绘画平涂的涂色方法，了解穿线方法。
	2. 技能目标： 掌握平涂方法，能用水彩笔在形状纸稿卡上进行涂色并能有目的进行配色；能够有秩序地将彩虹线穿在贺卡上。
	3. 情感态度目标： 喜欢用独特的绘画语言表达自己的想法和感觉，体会绘画和穿线的快乐。
相关领域	社会领域：幼儿可将做好的作品在教师节的时候送给老师一份特殊的礼物，表达对老师的尊敬和热爱之情。
活动准备	线稿的形状贺卡、彩虹绳 水彩笔(创意工具包内)
活动过程	**一、导入** 　　教师出示形状纸卡，引导幼儿了解教师节，引出制作教师节礼物的主题。 **二、基本部分** （一）教师出示水彩笔和彩虹线，了解水彩笔和彩虹线的使用方法 1. 教师介绍水彩笔和彩虹线。 2. 教师讲解并示范水彩笔和彩虹线的使用方法。 （二）教师出示形状纸卡，示范绘画，讲解简单的配色方法 1. 教师出示形状纸卡，观察形状纸卡上面是什么，让幼儿说一说（不同的纸卡上面有不同的图案）。 2. 教师示范在纸卡上平涂方法，引导幼儿掌握平涂的方法和配色。 3. 幼儿操作，教师进行个别指导。 （三）教师示范用彩虹线装饰绘制好的卡片，幼儿掌握穿线方法 1. 幼儿观察教师穿线，一个孔一个孔有秩序地进行穿线（一种是在一面穿，另一种是反正面穿）。 2. 幼儿操作，教师进行个别指导。 **三、小结** 　　教师引导幼儿整理自己的绘画工具，将自己的作品放好。
活动延伸	在临近教师节的时候，每位幼儿拿着自己的作品送给教师，表达对老师的爱意和节日的祝福。

制作步骤：

1. 准备好材料包（含有：形状贺卡、彩虹绳）。

2. 根据贺卡的线稿图案，用水彩笔进行填色装饰贺卡。

3. 将彩虹绳穿入卡片周围的圆孔内。

4. 沿着圆孔有序地穿连。

5. 完成后，可以在卡片里面写上对老师想说的话。

★ 每个小朋友拿到的卡片形状可能会不一样，但操作方法是一样的。

图例欣赏：

教学随笔：

2 我爱妈妈

活动目标	1. **认知目标：** 知道EVA片的使用方法，了解形状和颜色随意的组合。
	2. **技能目标：** 学会使用EVA片，能运用卷、套、穿的方法将EVA片有序地组合成花朵。
	3. **情感态度目标：** 能大胆地将花朵进行组合，体现出立体花朵带来的美感。
相关领域	科学领域：了解在秋天开放的花朵，感受大自然的美丽。 社会领域：将花朵作为礼物送给爸爸或妈妈，鼓励幼儿多表达心中的爱。
活动准备	立体EVA花朵材料包一套。
活动过程	**一、导入** 教师提问：小朋友们知道哪些花朵，大家来说一说。 教师总结，引出EVA花朵：小朋友非常爱自己的爸妈妈，我们为她制作一束漂亮的花，表达对妈妈的爱。 **二、基本部分** （一）教师出示EVA花朵材料包，让幼儿认识不同形状材料的制作方法及颜色 1. 观察教师手中的EVA片，说一说都有什么颜色。 2. 请幼儿大胆说一说各部分材料分别是花朵的什么部位（花瓣、花蕊、叶子、花茎及花盆）。 （二）教师示范花朵各部分的制作方法，并将其组合 1. 教师先示范将花盆组装，将矩形围成柱体固定，再插入圆圈；幼儿操作。 2. 教师演示花朵的组合方法。 （1）教师出示EVA长条和毛根，用长条将毛根的一端卷起来并用手捏住，找出任意花瓣，双手协将花瓣套在花蕊上固定花朵。 （2）再将一片或两片叶子套在花茎上，插入花盆，再进行下一朵的制作。 3. 幼儿进行花朵的制作，教师进行个别指导。 **三、小结** 　　通过使用卷、穿、套等动作，我们将EVA片组合成一盆漂亮的花，我们一起在作品中贴上自己的名字放在教室的展示区进行展示，等爸爸或妈妈来接小朋友的时候送给他们。
活动延伸	在自由活动时间引导幼儿进行同伴之间的交往，幼儿之间可以进行交换，让自己的花朵的形状及颜色多样化，体会分享和交换的快乐。

制作步骤：

1. 准备好材料包（含有：EVA 散片、毛根），先把蓝色片围成一个圆筒并扣好。

2. 把扣好的蓝色圆筒插入厚 EVA圆环底座。

3. 用毛根插入EVA长条的小圆孔里，EVA以毛根为中心缠绕。

4. 把花片圆孔套进绕好的花芯里。

5. 最后将绿叶的圆孔穿入毛根。

6. 用同样的操作方法，做出美丽的花朵，完成后一起插入蓝色EVA花瓶里吧！

★ 每个小朋友拿到的花型可能会不一样，但操作方法是一样的。

图例欣赏：

教学随笔：

3 我爱朋友

活动目标	**1. 认知目标：** 认识珍珠泥的颜色，了解团、压、搓等动作，学会用珍珠泥制作简单的形象。 **2. 技能目标：** 掌握团、压、搓等简单的动作，能够做出自己想要的任意简单图案，并能够根据所做的形象创编情境。 **3. 情感态度目标：** 体会玩珍珠泥的快乐，大胆想象和创作，体验完成作品的喜悦。
相关领域	科学领域（数学活动）：将班级同一形状的相框进行分类或是进行同一形状相框的点数。 艺术领域（绘画活动）：用粘土装饰完成后，可以再用水彩笔在木质相框的空白处，鼓励幼儿运用色彩、线条、形状等大胆进行绘画表现。
活动准备	木质相框、珍珠泥； 单人照或跟好朋友的合照。
活动过程	**一、导入** 教师提问：小朋友们有没有照片？照片放在什么地方？ 幼儿答：有，挂在墙上，放在相册里，放在相框里。 教师引出制作相框。 **二、基本部分** （一）教师出示木质相框及粘土，讲解用粘土做造型的几个基本动作 1. 教师出示相框，让小朋友们说一说相框的形状。 2. 每位幼儿2色粘土，在教师引导下进行团、压、搓等动作的练习。 （二）引导幼儿有目的使用粘土装饰相框，并能够根据所做的形象进行创编情境 1. 教师示范使用粘土装饰相框，将粘土造型在相框上有序组合根据所做粘土形象创编情境。 2. 教师展示装饰完成的相框，引导幼儿为相框设置其他主题。 3. 分发材料，引导幼儿充分发挥想象力，自由使用粘土装饰相框，教师进行个别指导。 **三、小结** 　　整理物品，幼儿第二天来幼儿园的时候带一张自己小一点的照片。
活动延伸	教师可以引导幼儿定期将自己的照片和班级其他小朋友的进行交换，把好朋友的照片放在自己制作的相框里，增加友谊。

制作步骤:

1. 准备好材料包(含有:木质相框、珍珠泥)。

2. 用珍珠泥沿着边框制作花边造型。

3. 取另一色珍珠泥铺满整个相框。

4. 还可以用珍珠泥搓出小波点做装饰。

5. 插入照片,相框完成。

⭐ 每个小朋友拿到的相框形状可能会不一样,但操作方法是一样的。

图例欣赏:

教学随笔: _____

_____

_____

_____

_____

_____

4 我爱祖国

活动目标	**1. 认知目标：** 了解用画笔在无纺布上的平涂方法，知道国旗需要红色和黄色。 **2. 技能目标：** 掌握在无纺布上平涂的方法，能够在正确的位置画出五角星并能将五角星正确有序排列。 **3. 情感态度目标：** 激发爱国情怀。
相关领域	社会领域：知道中国是一个多民族国家，有兴趣了解各种民俗风情，激发幼儿的爱国之情。
活动准备	白坯旗面、旗杆、五角星贴纸； 颜料、笔刷（创意工具包内）。
活动过程	**一、导入** 教师出示国旗，观察国旗的特点：红色的背景、5颗黄色的星星（4颗小五角星围着1颗大五角星），引出本次活动主题——绘制国旗。 **二、基本部分** （一）教师出示纸绘画材料，了解画笔和颜料的使用方法 1. 教师分别介绍绘画材料：无纺布（找到正反面及锁边的一边）、笔刷、颜料。 2. 教师讲解笔刷和颜料的使用方法及平涂的方法。 3. 教师分发材料，先让幼儿在纸上练习平涂。 （二）教师示范用画笔在帆布旗帜上平涂，正确找到五角星应该在无纺布的什么位置 1. 教师示范平涂红色，幼儿操作并想办法尽快将红色晾干。 （1）教师先引导幼儿将袖子挽起，示范用画笔从无纺布锁边的一边开始平涂（尽快让这一边晾干）。 （2）幼儿进行操作，教师进行个别指导。 2. 教师示范粘贴五角星，引导幼儿将五角星在国旗上正确有序排列。 （1）教师示范五角星的正确粘贴位置，幼儿在纸上进行练习并有序排列。 （2）引导幼儿在锁边的一侧贴五角星（大五角星靠左上角，4颗小五角星围在大五角星的右侧），并进行有序排列。 （3）幼儿进行操作，教师进行个别指导。 （三）展示作品 幼儿展示画好的国旗，互相欣赏。 **三、小结** 整理颜料，清洗画笔，将旗杆穿上画好的国旗，在背面写上小朋友的名字。
活动延伸	可以将本班小朋友绘制的国旗在国庆节来临之际装饰幼儿园，比如可以送给其他班级，或是挂在幼儿园的大门上、走廊里、班级的门口，营造国庆节的氛围。

制作步骤:

1. 准备好材料包（含有：白坯旗面、旗杆、五角星不干胶）。

2. 用颜料给白色的旗面涂上红红的底色。

3. 撕下五角星，找到旗面上的正确位置，贴上五颗星（注意大小五角星的方位）。

4. 将旗杆插入旗面的侧边。

5. 国旗做好了。

图例欣赏:

教学随笔: _____

_____

_____

_____

_____

_____

5 玉米运动人物

活动目标	**1. 认知目标：** 知道魔法玉米粒的使用方法，认识运动人物的造型，学会用玉米粒粘贴和组合的方法。 **2. 技能目标：** 能按要求用玉米粒进行简单的粘贴和组合运动人物，感知空间方位。 **3. 情感态度目标：** 体会玩组合和拼粘的快乐，感受魔法玉米粒带来的乐趣。
相关领域	健康领域：引导幼儿模仿学习不同运动的动作，发展幼儿身体的协调性；根据幼儿的造型进行不同的体育运动。 科学领域（数学活动）：点数游戏，数一数身体各部位各自用了多少颗玉米粒。
活动准备	魔法玉米、吸水不织布圆片、塑料小刀。
活动过程	**一、导入** 　　教师和幼儿一起说一说知道的体育运动：跑步、打篮球、踢足球等。引出运动的造型。 **二、基本部分** （一）教师出示运动人物造型图片、魔法玉米粒和塑料小刀 1. 教师引导幼儿观察运动人物造型图片，并让幼儿模仿图片上的各类体育运动造型。 2. 教师出示玉米粒，示范玉米粒的连接方法：将玉米粒的一端蘸一下湿的不织布圆片，与另一粒玉米粒的一端进行连接。 3. 介绍塑料小刀的用途：用来切割玉米粒。（提醒幼儿注意安全。） （二）教师示范做运动人物造型，引导幼儿粘贴和连接造型的技巧，以及简单的颜色搭配 1. 教师分解示范：先连接头和身体（头一个颜色，身体一个颜色）——用另一种颜色的玉米粒在身体最上方连接两条胳膊（包括手）——身体最下面再换一种颜色连接两条腿——再选一种没用过的颜色的3颗玉米粒做一个球，粘在手上。 2. 幼儿自选造型，进行玉米运动人物的制作，教师进行个别指导。 **三、小结** 　　请幼儿互相欣赏不同的运动人物造型，说一说自己做的是什么运动造型。 **安全提示：** 　　魔法玉米是以安全的玉米淀粉为原材料加工而成，即使误食也不会影响幼儿健康，但教师在制作前还是要进行安全提示，魔法玉米不是食物，避免幼儿误食。
活动延伸	幼儿可以在自由活动时间进行自主的区角游戏，丰富幼儿在园活动内容。

制作步骤:

1. 准备好魔法玉米材料包(含有:魔法玉米粒、塑料小刀、吸水不织布片)。

2. 将玉米粒在打湿的圆片上轻轻地沾一沾。

3. 沾过水的玉米粒就可以和其他玉米直接粘连。

4. 用魔法玉米可以做成各种人物的运动动作。

5. 还可以用塑料小刀切割出大小不同的玉米块或片。

6. 根据自己的想法,制作不同造型的运动人物。

图例欣赏:

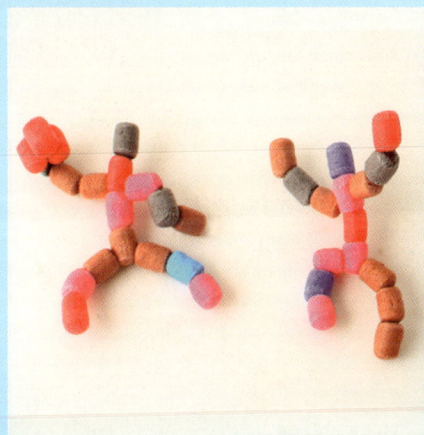

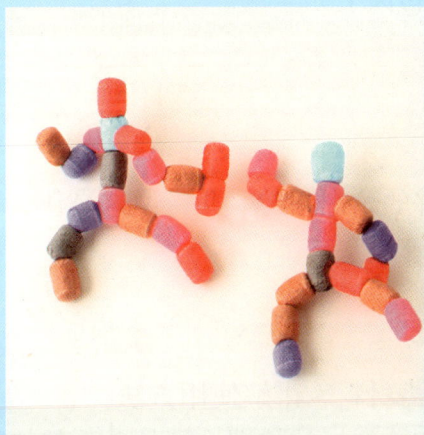

教学随笔: _____

_____

_____

_____

_____

_____

6 陀螺比赛

活动目标	**1. 认知目标：** 学习用颜料在木质玩具上刷色的方法。
	2. 技能目标： 能用不同的图案和颜色装饰制作陀螺，感受陀螺旋转时色彩的变化。
	3. 情感态度目标： 提高动手能力，体验自制玩具的愉悦和成功感。
相关领域	健康领域：进行陀螺比赛
活动准备	木陀螺、陀螺抽杆； 水彩笔（创意工具包内）。
活动过程	**一、导入** 1. 教师出示制作好的陀螺，请幼儿说说这是什么玩具，这个玩具是怎么玩的。 2. 请个别幼儿试玩陀螺。 **二、基本部分** （一）教师出示所需材料，讲解使用方法 1. 出示白坯陀螺和绘画好的陀螺，请幼儿比较说说这两个陀螺有什么不一样。 2. 引出要装饰白坯陀螺。 （二）教师演示用线条、色块装饰陀螺 1. 教师示范在白坯陀螺上用水彩笔画色块的方法，并在已画色的陀螺上进行装饰。 2. 引导幼儿说说自己要画的形象。 （三）分发材料，幼儿制作 幼儿自主创意制作，教师巡回指导，引导幼儿有目的地进行绘画。 **三、小结** 　　整理物品，将陀螺放在体育区角。
活动延伸	幼儿可以在自由活动的时间进行有趣的区角游戏，分组进行陀螺比赛。

制作步骤：

1. 准备好材料包（含有：白坯木质陀螺、陀螺杆）。

2. 先用铅笔在陀螺上画线稿图案。

3. 用水彩笔给陀螺涂上颜色。

4. 漂亮的陀螺做好了。

图例欣赏：

教学随笔：

7 我的球拍

活动目标	**1. 认知目标:** 知道绘画平涂的涂色方法，了解简单的颜色搭配。 **2. 技能目标:** 掌握平涂方法，能用水彩笔在木制球拍上进行涂色并能有目的地进行配色、涂色。 **3. 情感态度目标:** 喜欢用鲜艳的色彩绘画，感受色彩带来的视觉美。
相关领域	健康领域：进行拍球比赛，看谁拍得多。
活动准备	黑线印刷球拍； 水彩笔（创意工具包内）。
活动过程	**一、导入** 　　引导幼儿说一说知道的球类运动，引出制作球拍。 **二、基本部分** （一）教师出示木质球拍，讲解在木质球拍上的平涂方法。 幼儿观察球拍上的图案，教师出示水彩笔，示范平涂的方法。 （二）教师进行简单的配色，幼儿掌握平涂方法并能有目的地配色。 1. 教师示范简单的配色，进一步讲解平涂方法。 2. 幼儿自选图案，在木制球板上进行平涂的绘画方法练习，有目的地进行颜色搭配，教师进行个别指导。 （三）教师将幼儿分组进行拍球或运球比赛，设立一些规则，进行体育游戏活动。 **三、小结** 　　整理水彩笔，将自己绘制的木制球板放在体育区角。
活动延伸	幼儿可在自由活动时间进行拍球练习，或是和同伴之间进行排球比赛。

制作步骤：

1. 准备好材料包（含有：木质球拍）。

2. 用水彩笔给球拍上的图案填上自己喜欢的颜色。

3. 还可以在下面空白处画上草地。

4. 完成后，小朋友们可以拿着球拍进行拍球比赛。

图例欣赏：

教学随笔：

8 皮影戏

活动目标	1. **认知目标：** 了解刮刮纸的玩法，知道两脚钉的使用方法。
	2. **技能目标：** 掌握用竹签刮画的技巧，能用两脚钉将皮影人物的各部分组合起来。
	3. **情感态度目标：** 感受制作皮影人物的快乐，体验完成后的成就感。
相关领域	社会领域：了解皮影戏的民间艺术，可以通过视频让幼儿了解。 健康领域：模仿皮影人物的动作，锻炼幼儿的身体协调性。
活动准备	皮影人物刮刮卡、刮画棒、棉线、两脚钉。
活动过程	**一、导入** 教师出示皮影人物成品，讲诉皮影戏的由来和历史，激发幼儿制作兴趣。 **二、基本部分** （一）教师出示皮影人物刮刮卡、竹签和两脚钉。 1. 教师示范用刮画棒在刮刮纸上刮出流畅的线条或是简单的形状，刮出粗细不同的线条。 2. 介绍两脚钉，用来组合皮影人物的身体各部位。 （二）教师示范在皮影人物上刮出颜色，幼儿掌握用木棒刮画的技巧 1. 教师分别用木棒细的一端和粗的一端在皮影人物刮刮卡上刮出粗细不同的线条，让幼儿正确运用刮画棒。 2. 幼儿进行操作，可以将皮影人物从上到下进行刮画，比如上半身、胳膊、双腿。 3. 教师引导幼儿皮影人物的各部位用不同的线条或形状进行装饰。 （三）教师示范连接皮影人物，幼儿掌握连接方法 1. 教师出示两脚钉，示范两脚钉的使用方法，并用两脚钉将皮影人物连接起来，幼儿进行操作。 2. 教师出示两根木棒和棉线，按照图示的操作步骤将皮影人物系在木棒上，幼儿操作，教师给予适当的帮助。 **三、小结** 　　今天我们用刮画棒在皮影人物上刮出了好看的图案，并将皮影人物的各部分连接起来，小朋友们表现得非常好，一起整理物品，将皮影戏放在区角进行展示。
活动延伸	教师可以让幼儿进行皮影戏的表演，或是模仿皮影人物的动作。

制作步骤：

1. 准备好材料包（含有：刮刮卡关节片、两脚钉、棉线、木签）。

2. 先用两脚钉把各个关节连接起来。

3. 用小木签的尖头在黑色刮刮卡上刮出五彩的颜色，根据身体部位刮。

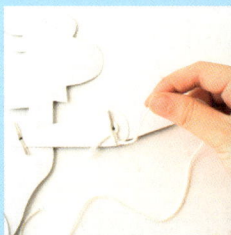
4. 用棉线分别固定在两边手臂背面的两脚钉上。

4. 最后将棉线的另一头分别固定到两根木棒上。

5. 完成后，小朋友可以两手拿着木棒来表演皮影戏啦！

图例欣赏：

教学随笔：_____

_____

_____

_____

_____

_____

_____

9 向日葵

活动目标	**1. 认知目标：** 了解向日葵的基本特征。
	2. 技能目标： 学习粘贴、组合向日葵的方法，提高幼儿手指灵活性。
	3. 情感态度目标： 对手工活动有兴趣，喜欢进行美工制作活动。
相关领域	语言领域：儿歌《向日葵》。
活动准备	皱纹纸、咖啡色毛球、木棒、圆形带胶底板。
活动过程	**一、导入** 　　谜语导入：高高个儿一身青,金黄圆脸喜盈盈,天天对着太阳笑,结的果实数不清。 请幼儿猜猜谜底是什么，引出制作向日葵。 **二、基本部分** （一）了解向日葵的基本特征，认识材料 1. 出示制作好的向日葵，请幼儿观察，说说向日葵有什么特征。 2. 出示制作材料，请幼儿说说这些材料的名称，可以用来做向日葵的什么部分。 （二）学习制作方法 1. 教师示范制作向日葵，先把底板上的底胶撕开，在底胶外边缘部分依次贴上向日葵的花瓣，中间空出一个圆形做花芯。 2. 在花芯位置上粘贴上咖啡色毛球，做向日葵花盘。 3. 最后把木棒固定好，把叶子粘贴在木棒上，向日葵就做好了。 （三）幼儿制作 分发材料，幼儿制作，教师巡回指导。 **三、小结** 　　幼儿将作品展示出来，装扮活动室。
活动延伸	在植物角种植向日葵，引导幼儿观察向日葵的特征。

制作步骤：

1. 准备好材料包（含有：带胶纸卡、皱纹纸散片、毛球、木棒）。

2. 撕开圆形底板上的胶面。

3. 将毛球有序地粘贴上，作为花蕊。

4. 把花瓣粘贴在圆形纸卡的背面，两层叠加。

5. 用双面胶将木棒固定在花朵背面。

6. 粘上叶子，向日葵做好了。

图例欣赏：

教学随笔： _____

_____

_____

_____

_____

_____

10 雨过天晴

活动目标	1. **认知目标：** 掌握"捏、搓、粘贴"的基本方法，了解彩虹的颜色特征。
	2. **技能目标：** 学会用手工"捏、搓、粘贴"方法装饰彩虹，用线穿过铃铛发展幼儿手指灵活性。
	3. **情感态度目标：** 鼓励幼儿在美术作品中大胆地表达自己的情感，从中获得愉快的情绪体验。
相关领域	科学领域：借助天气的变化，寻找并发现自然界中彩虹的颜色。 社会领域：通过自然界和生活中的事物，能用自己喜欢的方式向他人表达出来。
活动准备	彩虹底板、彩虹绳、铃铛、手工搓纸。
活动过程	**一、导入** 　　教师出示彩虹底板，让幼儿观察形状像什么。（彩虹、拱桥、月亮）发挥幼儿想象力。 **二、基本部分** （一）教师出示彩虹底板，引导幼儿想象彩虹的颜色 教师出示手工搓纸，观察纸的颜色并探讨制作。 （二）教师示范用"捏、搓、粘贴"方法做彩虹，了解纸工活动简单的技巧 1. 教师出示彩虹底板，并取下一条，对手工纸板进行"捏、搓、粘贴"一种颜色手工纸。 2. 教师分发其他颜色的手工搓纸进行另一条的粘贴。 3. 幼儿观察彩虹绳子上的颜色(和彩虹有一样的颜色)，将铃铛穿到彩虹绳上。 4. 幼儿进行操作，教师进行个别指导和帮助。 5. 教师可以在雨过天晴的时候，让幼儿带着自己的作品一起出去观察彩虹与自己的手中的"彩虹"进行对比。 **三、小结** 　　请幼儿展示手工搓纸的不同装饰技法互相学习、将彩虹底板做成（区角的天空），贴在教师的墙上，写上幼儿名字展示。
活动延伸	幼儿可以将自己制作的彩虹带到室外，和雨后的彩虹相对比，创编雨后彩虹的故事。

制作步骤：

 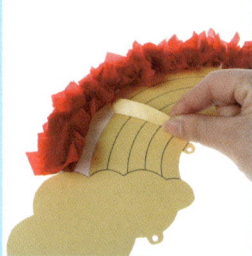   

1. 准备好材料包（彩虹底板、彩虹绳、铃铛、彩色搓纸）。

2. 撕开底板上的胶面。（注：做一块揭一块。）

3. 将搓纸中间抓起。

4. 根据底板上的胶面有序地粘贴。

5. 彩虹绳穿过底板上的圆孔并穿入铃铛，打结固定，完成后可作悬挂装饰。

图例欣赏：

教学随笔：

11 四季水果转盘

活动目标	**1. 认知目标：** 认识每个季节代表性的水果，知道平涂的涂色方法，尝试使用恰当的颜色为圆盘涂色。 **2. 技能目标：** 掌握平涂的涂色方法，能用水彩笔在圆盘上有目的地进行配色、涂色，能够将大、小圆盘用两脚钉连接起来。 **3. 情感态度目标：** 通过涂色活动，感受色彩搭配的美和绘画的快乐。
相关领域	科学领域：引导幼儿主动探索四季水果转盘的多种玩法。 语言领域：通过绘画转盘上的水果，鼓励幼儿大胆表达四季水果和季节月份的顺序。
活动准备	圆形印刷纸卡、两脚钉、水彩笔（创意工具包内）。
活动过程	**一、导入** 教师以提问的方式导入：小朋友知道现在是什么季节吗？这个季节有什么水果呢？大家来说一说。 **二、基本部分** （一）教师出示水果圆盘，引导幼儿了解四季水果 1. 教师出示水果圆盘，引导幼儿观察描述四种水果的特点。 2. 教师引导幼儿说出四种水果的颜色。 （二）教师出示水彩笔，引导幼儿熟悉颜色，示范平涂操作方法 1. 今天我们要为水果涂上漂亮的颜色。 2. 教师示范涂色：引导幼儿练习平涂的方法。 3. 指导幼儿进行简单的配色，针对不同水果的颜色特征。 4. 涂完后每人一个两脚钉，教师指导幼儿将水果圆盘与月份季节圆盘连接起来。 5. 教师引导幼儿顺次旋转月份圆盘，并能正确地将四种水果与季节结合起来。 **三、小结** 　可以将作品带回家，跟爸爸妈妈讲述四季有哪些水果，它们分别有什么特点呢？
活动延伸	幼儿可以将自己制作的彩虹带到室外，和雨后的彩虹相对比，创编雨后彩虹的故事。

制作步骤：

1. 准备好材料包（圆形印刷纸卡、两脚钉）。

2. 给底板上的水果涂上颜色。

3. 将小圆盘放在大圆盘上，中心对准，用两脚钉穿入圆孔将两个圆盘连接。

4. 把两脚钉掰开固定。

5. 转动季节月份圆盘，将四种水果和月份正确地进行归类。

图例欣赏：

 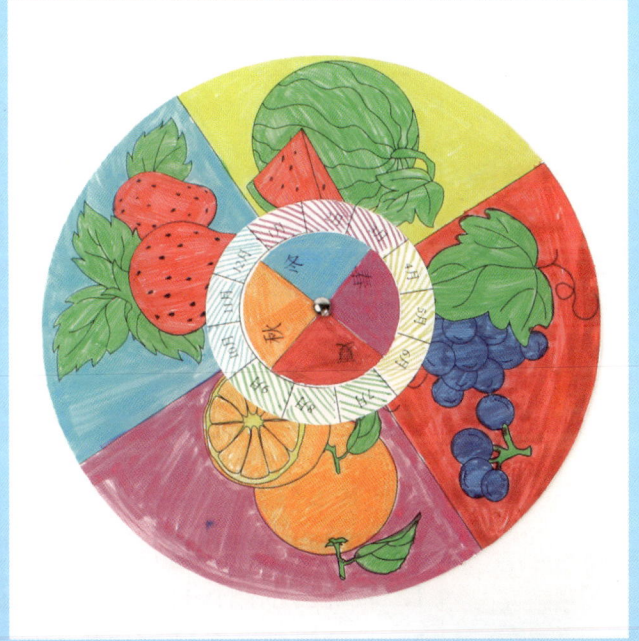

教学随笔：

12 冬天来了

活动目标	**1. 认知目标：** 知道银色镭射纸的运用，能把形状正确地粘贴在底板上。
	2. 技能目标： 学习镭射纸的印色方法，能在教师的引导下对彩色底板进行印色填充。
	3. 情感态度目标： 幼儿喜欢参与绘制冬天的景色，能在活动中获得愉快的情绪体验。
相关领域	语言领域：在天气好的时候带幼儿到户外，引导幼儿观察冬天的景色，用语言描述冬天。
活动准备	彩色印刷底板、带胶形状卡、银色镭射纸； 双面胶（创意工具包内）； 准备冬天图片。
活动过程	**一、导入** 　　教师出示冬天的图片，引导幼儿了解冬天的特征，引出"冬天来了"。 **二、基本部分** （一）教师出示材料，了解其使用方法 1. 教师出示制作材料，请幼儿说说它们的名称。 2. 教师讲解彩色印刷底板和镭射纸的使用方法。 （二）教师出示彩色印刷底板图画，讲解、示范画面的填充位置 1. 教师出示图画，观察图画上有什么，让幼儿说一说（房子、大树）。 2. 教师示范绘制冬天的方法，引导幼儿了解冬天的特征。 （1）教师出示彩色印刷底板，用双面胶粘贴带胶形状卡到底板上。 （2）撕开形状卡上的带胶部分，把镭射纸银色一面印到底板上，填充整个画面。 3. 幼儿操作，教师做巡回指导。 4. 教师带着幼儿一起感受冬天的变化，一起出去打雪仗、堆雪人、团雪球。 **三、小结** 　　教师引导幼儿整理自己的材料，让冬天的作品带小朋友走进冬天。
活动延伸	教师将幼儿的作品做成一面展示墙，主题为"走进冬天"展示幼儿的作品，增强幼儿的自信心，也可在天气好的时候带幼儿一起到室外体验冬天，感受大自然的美妙。

制作步骤：

1. 准备好材料包（含有：带胶底板、印刷底板、镭射纸）。 2. 先给带胶卡纸白色一面覆上双面胶。 3. 将它贴在印刷底板的对应位置上。 4. 撕开带胶部分。 5. 把镭射纸银色的一面粘在胶面上，镭射纸上的颜色就会转印到底板上了。

图例欣赏：

 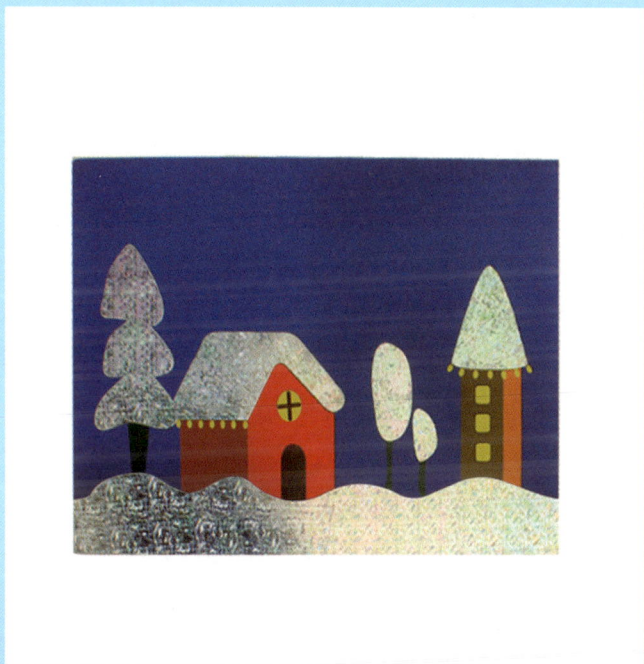

教学随笔： _____

_____

_____

_____

_____

_____

13 我的水晶球

活动目标	**1. 认知目标：** 学习用刷子印画的方法。
	2. 技能目标： 学习用刷子印画表现雪景，提高孩子的配色能力美术创意能力。
	3. 情感态度目标： 感受冬天的雪景，喜欢用美术形式表现出来。
相关领域	社会领域：了解圣诞节的形象，萌发对圣诞节的喜爱。
活动准备	印刷底板、圆点刷、白色颜料。
活动过程	**一、导入** 　　教师展示制作好的水晶球，请幼儿观察水晶球上有什么，这是什么季节，你是从哪里发现是冬天的？ **二、基本部分** （一）幼儿认识材料 1. 教师出示材料，请幼儿说说底板上有些什么，和我们刚才看到的成品有什么不一样。 2. 出示圆点刷，告诉幼儿可以用圆点刷制作雪景。 （二）教师示范操作 1. 我们先要把水晶球组装起来，给水晶球里空白部分涂上好看的颜色。 2. 用圆点刷蘸上一点点白色颜料印在底板上。 3. 发放材料，幼儿操作，教师巡回指导。 （三）展示欣赏 圣诞节来临，幼儿将自己完成的水晶球作为礼物相互交换送给自己的好朋友。 **三、小结** 　　请幼儿互相欣赏和评议不同的组合方法，幼儿掌握后可以设计游戏活动进行姿势讨论。
活动延伸	幼儿可以在自由活动时间互相欣赏作品，也可以离园时，请幼儿给家长介绍自己的作品，增强幼儿语言表达能力和自信心。

制作步骤:

1.准备好材料包(含有:圣诞球印刷、圆点刷、白色颜料)。
2.用水彩笔给圣诞树涂上颜色。
3.用其他颜色的水彩笔装饰水晶球底托。

4.将圆点刷蘸取白色颜料。
5.用圆点刷在水晶球上点出白白的雪景。
6.漂亮的圣诞水晶球做好了。

图例欣赏:

教学随笔: _____

_____

_____

_____

_____

_____

14 圣诞吊饰

活动目标	**1. 认知目标：** 掌握用水彩笔涂色的方法，了解圣诞人物的脸部特征。
	2. 技能目标： 学会用水彩笔装饰圣诞吊饰，并能正确给形象粘贴五官。
	3. 情感态度目标： 培养幼儿绘画的兴趣，体验创意活动的乐趣。
相关领域	社会领域：让幼儿更加了解圣诞的形象，乐于参与圣诞活动，增进社会交往。 语言领域：和其他小朋友介绍自己的圣诞形象，分别说一说它的特点。
活动准备	白坯圣诞底板、3D蜂窝球、转动眼睛、丝带； 颜料、笔刷（创意工具包内）。
活动过程	**一、导入** 　　教师以提问的方式导入：请小朋友看老师带来了什么？（圣诞老人）就要到圣诞节了，我们一起动手制作圣诞礼物！ **二、基本部分** （一）迎接圣诞节 1. 教师讲解12月25日是圣诞节，我们一起制作圣诞礼物。 2. 圣诞老人最喜欢小朋友的礼物，那我们一起送他礼物，并将祝福送给他。在圣诞节的时候圣诞老人要对小朋友说："圣诞快乐！" （二）制作圣诞吊饰 1. 教师出示制作完成的圣诞吊饰，请幼儿观察圣诞底板的样子。 2. 请幼儿为圣诞吊饰穿上漂亮的衣服，打扮一番。 （1）请幼儿通过水彩笔为圣诞底板装扮颜色。 （2）教师演示3D蜂窝球的使用方法，为圣诞吊饰粘贴五官，并让幼儿同教师一起完成，教师做巡回指导。 3. 制作完成的幼儿可以互相观看其他小朋友的作品并对自己的圣诞吊饰进行描述。 **三、小结** 　　我们学会用水彩笔为圣诞吊饰装扮，请小朋友互相介绍自己的圣诞吊饰。
活动延伸	把自己制作的吊饰装扮家里，让妈妈和小朋友讲一讲有关圣诞节的故事。

制作步骤：

1. 准备好材料包（含有：圣诞白色底板、蜂窝纸、丝带、转动眼睛）。

2. 先撕开蜂窝球背面的胶，把它粘到圣诞老人的肚子上。

3. 再用颜料给圣诞老人涂上颜色，画出小朋友想象中的圣诞老人。

4. 给圣诞老人粘上眼睛。

5. 最后用丝带穿入圣诞老人头顶上的小圆孔，打结固定。

6. 可爱又胖嘟嘟的圣诞老人完成了，可以作为圣诞悬挂装饰环境。

★ 每个小朋友拿到的圣诞形象底板可能会不一样，但操作方法是一样的。

图例欣赏：

教学随笔：

15 圣诞袜

活动目标	1. **认知目标：** 知道不织布与双面胶的粘贴方法，能对圣诞袜进行有序装饰。
	2. **技能目标：** 能用不织布进行有序的排列装饰圣诞袜。
	3. **情感态度目标：** 引导幼儿感知圣诞的气息，激发幼儿对圣诞节的喜爱。
相关领域	社会领域：让幼儿喜爱圣诞活动，主动参与到活动中去，发展幼儿的社会交往能力。
活动准备	圣诞袜、不织布片散片； 双面胶（创意工具包内）。
活动过程	**一、导入** 　　圣诞节到了，我们为圣诞老人准备礼物！我们要装饰自己的圣诞袜（教师出示圣诞袜）。 **二、基本部分** （一）教师出示不织布，介绍与双面胶的粘贴方法 1. 教师介绍不织布的操作方法。 2. 请幼儿观察不织布的形象，选择自己喜欢的进行随意搭配。 （二）引导幼儿有目的地使用不织布与双面胶装饰圣诞袜，并能根据自己所选择的形象创编情景 1. 教师示范使用不织布装饰圣诞袜，根据所选形象进行搭配。 2. 教师展示装饰完成的圣诞袜，引导幼儿为圣诞袜设置情境。 3. 分发材料，引导幼儿充分发挥想象，自由使用不织布进行搭配，教师做个别指导。 （三）将幼儿制作完成的圣诞袜展示，并带给幼儿惊喜 教师请幼儿闭上眼睛，将礼物装进幼儿的圣诞袜里。（教师提前准备礼物。） **三、小结** 　　整理物品，引导幼儿将制作完成的圣诞袜放入区角活动中，等待圣诞节的礼物。
活动延伸	引导幼儿圣诞节前把自己的礼物带来，把礼物装进圣诞袜里，让他们互相交换礼物，增进感情。

制作步骤：

1. 准备好材料包（含有：圣诞袜、不织布散片、转动眼睛）。

2. 给不织布散片覆上双面胶。

3. 将不织布散片正确地把雪人组合在圣诞袜上。

4. 给小雪人贴上眼睛。

5. 贴上圣诞树。

6. 最后贴上小雪花，感受下雪的场景。

★ 每个小朋友拿到的袜子贴片可能会不一样，但操作方法是一样的。

图例欣赏：

教学随笔： _____

_____

_____

_____

_____

_____

16 袜子雪人

活动目标	**1. 认知目标：** 初步了解制作袜子雪人的步骤。
	2. 技能目标： 能用套、扎、缠绕等技能制作袜子雪人，发展手指灵活性。
	3. 情感态度目标： 大胆想象，尝试制作出一个富有创意的雪人娃娃，体验手工制作的乐趣。
相关领域	科学领域：初步了解雪人的颜色，观察雪的融化。
活动准备	小雪人保丽龙、毛根、眼睛、贴纸。
活动过程	**一、导入** 教师出示雪人的图片，了解雪人的基本结构：帽子、身体（眼睛、鼻子、嘴、围巾、扣子）。 **二、基本部分** （一）教师出示制作材料，知道材料的作用 1. 教师出示制作材料，幼儿观察材料。 2. 请幼儿尝试说说雪人的制作方法。 （二）教师示范制作袜子雪人的步骤，幼儿观察制作 1. 教师把雪人保丽龙套入袜子里，并在两球交接处用毛根扎牢固定。 2. 利用剩余毛根、贴纸等制作雪人的五官、手、装饰物等。 3. 幼儿动手制作，教师进行个别指导和帮助。 4. 幼儿之间相互描述自己的雪人，并且结合实际生活中，讲一讲自己的雪人。 5. 在天气允许的情况下，带领幼儿出去堆雪人。 **三、小结** 　我们给雪人都取一个名字，把雪人送给自己的好朋友吧。
活动延伸	可以一起组织小朋友去室外堆雪人（教师控制好时间，注意保暖）。

制作步骤：

1. 准备好材料包（含有：袜子、保丽龙雪人、不干胶贴纸、转动眼睛、毛根）。

2. 把保丽龙雪人塞进袜子。

3. 袜口处扎上毛根后，把袜沿翻下来。

4. 在雪人的脖子上扎上红毛根，制作雪人的围巾。

5. 给雪人粘贴上眼睛，把不干胶贴纸相应的粘贴在雪人身上。

6. 用毛根制作小雪人的手，插入雪人的两侧，可爱的小雪人做好了。

⭐ 每个小朋友拿到的毛根的颜色可能会不一样，但操作方法是一样的。

图例欣赏：

教学随笔：

第四章　大班上学期创意美术活动

大班幼儿大多介于5-6岁，处于幼儿晚期。在此阶段内，幼儿的心理较之前有了极大的提升，某些方面出现了从量变到质变的变化。

一、大脑发展

脑科学研究证明了幼儿学习确实存在关键期。在关键期内，婴幼儿比较容易学习某些知识经验或形成某些行为。脑的高级神经网络的形成有一定时间期限，不同区域的脑神经网络有不同的构建期，并在不同的时期达到成熟。因而，在人生早期的生活经验中，不同年龄对各种事物有不同的敏感性，即"学习关键期"，它能帮助婴幼儿不同区域的脑神经网络发育与成长。

二、动作发展

进入大班以后才能做出跑的动作。幼儿最初往往要成人拉着手才能跳，逐渐能够自己做出各种跳的动作。

幼儿园的自我服务活动培养了幼儿的双手动作。大班幼儿能够迅速穿脱衣物，而且能够自己系鞋带。大班幼儿可以自如运用较重或较轻的笔力涂出深浅不同的颜色。他们还能灵活地运用剪子把东西剪断，双手变得协调和敏捷。例如：在春季活动方案"民族大团结"主题中"会跳舞的小人"一节中，教师指导幼儿制作小人，能有序地排列好身体各个部位并拉动舞蹈小人，认识身体各部分，用手操作小人的行为与动作，训练手部灵活度，并为小人制作漂亮的小裙子，培养幼儿的创作能力。

三、认知发展

（一）感知觉发展

大班幼儿不仅能认识颜色，画图时还能运用各色颜料调出需要的颜色，而且能经常正确地说出黑、白、红、蓝、绿、黄、棕、灰、粉红、紫、橙等颜色名称。

幼儿辨认物体平面形状的能力，在学前教育影响下随年龄班而增高。大班应能正确掌握圆形、正方形、三角形、长方形、半圆形、梯形，教师并适当指导幼儿辨认菱形、平行四边形和椭圆形。

（二）思维发展

大班幼儿，特别是到了大班末期的幼儿，在正确教育下，抽象逻辑思维已开始出现。总之，在正确教育的影响下，幼儿的思维逐渐发展，一方面具体形象思维日益发展、完善，另一方面抽象逻辑思维开始形成，参与到智力活动中去。

（三）注意发展

大班幼儿的无意注意进一步发展和稳定。他们对于有兴趣的活动，能比中班幼儿更长时间地保持注意。大班幼儿在正确教育下，有意注意迅速发展。在适宜条件下，注意集中的时间可延长到10—15分钟。因此，在观察图片时，他们不仅可以了解主要内容，也可在教师提示下或自觉地去注意图片中的细节和衬托部分。

（四）记忆发展

大班幼儿逐步领会了成人向他们提出的各项识记要求，有意记忆有了明显的发展。大班幼儿不仅能努力记住和再现所要求记住的材料，还能运用一些最简单的记忆方法加强自己的记忆。

（五）想象发展

在幼儿期，创造想象开始出现。在良好的教育和训练下，大班幼儿的想象可以发展到较高的水平，表现出明显的创造性。例如：在春季活动方案中"神秘的太空"主题中"美丽的太空"一节中，教师给出太空相关图片，幼儿则根据自己的想像描绘心目中的太空，培养幼儿的想象力与创造性思维。

四、语言发展

幼儿在与人们不断交往的过程中，还会自然地掌握了一些基本语法结构和一些句型。因此成人在和幼儿交际的过程中，使用符合语法的语句将对幼儿正确掌握语法有直接的积极影响。大班幼儿几乎可以毫无困难地辨明本族语言包含的各种语音。

五、情绪情感发展

幼儿到了大班，其情绪情感越来越丰富，对情绪情感的自我控制能力也越来越强。随着生理心理的成熟，大班幼儿对情绪的控制能力逐渐发展，幼儿的情感体验与社会的需要有较多的联系，并且能有意识地控制自己的感情。需要注意的是，大班幼儿情绪情感的调节能力虽已逐步加强，但是情绪仍有不稳定性和易冲动性，也容易受各种因素的影响而产生变化。

六、社会行为、技能发展

5 岁以后，儿童自我意识的发展主要体现在自我评价的能力上。儿童的自我评价从依从性评价向独立性评价发展，当成人的评价与儿童的自我评价不一致时，他们会提出申辩。幼儿交往中，游戏的社会化程度大大增强，同伴交往中，幼儿的合作能力、社会能力及解决问题的能力、协调人际关系的能力得到发展。比较自觉地按照道德规范和行为调节约束自己的行为，建立与维持同伴关系。

七、对教育的启示

大班幼儿的的教育活动设计要点的基础上，针对大班幼儿进行教育活动设计时还特别需要注意以下几个方面。

1. 要培养幼儿的有意记忆

有意记忆可以在教学活动中培养，也可以在游戏、课外活动中培养。所以，教师在组织幼儿的教学活动时，要在理解的基础上，教他们记住，从而发展他们的记忆。

2. 营造良好的情绪、情感环境，丰富儿童的情绪情感体验

成人学会倾听孩子，接纳孩子各种情绪的自然流露。在幼儿处于消极情绪时，引导孩子合理宣泄情绪，教给孩子必要的情绪自控策略。

3. 创设有利于合作互动的活动和环境

一个有启发性和支持性的丰富环境能吸引和激发幼儿的想象力和创造力，从而使幼儿成为环境的主人。

4. 促进幼儿创造性思维的发展

创造性思维包括发散思维和集中思维的方法对幼儿来讲，都还没有掌握，需要从头教起。在幼儿的计算、音乐、美术以及游戏等活动中，都需注意创造性思维方法的训练，促进创造性思维的发展。

1 民族人偶

活动目标	1. 认知目标： 学习用粘土包裹保丽龙球的方法。
	2. 技能目标： 塑造立体民族人偶，提高幼儿的手工能力，体验粘土制作的快乐。
	3. 情感态度目标： 感受少数民族的风情，激发幼儿热爱少数民族的情感。
相关领域	社会领域：了解中国56个民族，知道我国是个多民族国家。
活动准备	小雪人保丽龙、眼睛、彩色粘土。
活动过程	一、导入 观看少数民族节日视频引入主题。 教师提问：少数民族的衣服和我们的有什么不一样？ （引导幼儿观察发现少数民族的服饰和我们衣服的区别。） 二、基本部分 （一）了解少数民族服饰的基本特征 师幼共同说说几种常见民族的服饰特征。 （二）学习使用粘土的基本技能 1. 教师介绍把粘土包裹在保丽龙雪人上的基本操作方法。 2. 用团、捏、搓、压等技能制作少数民族的发饰和服饰。 3. 在脸部的位置贴上眼睛、鼻子、嘴巴等。 （三）幼儿制作 1. 请幼儿说说自己想制作出什么样的少数民族人偶。 2. 分发材料，幼儿制作。 3. 教师巡回指导，鼓励幼儿大胆想象创意，做出特别的少数民族人偶。 （四）作品展示 幼儿将制作好的民族人偶展示出来，和其他小朋友分享制作过程，介绍自己做的民族娃娃。 三、小结 　　通过学习制作民族人偶，让幼儿学习了粘土的使用方法，提高了动手能力，同时也感受了少数民族的风情。
活动延伸	把粘土投放到美工区供幼儿制作更多的物品。

制作步骤：

1. 准备好材料包（含有：雪人保丽龙、粘土、眼睛）。

2. 取一色粘土制作少数民族人偶的服饰。

3. 取另一色粘土搓成长条状。

4. 用粘土制作细小配件装饰点缀人偶族服饰。

5. 粘上眼睛。

6. 用水彩笔画出人偶的嘴巴。

图例欣赏：

教学随笔：

2 手鼓

活动目标	**1. 认知目标：** 了解手鼓的使用方法，能大胆装饰手鼓。 **2. 技能目标：** 学习在木质铃鼓上刷颜料的方法，将手鼓装饰得更具有民族特色，提高幼儿的审美感。 **3. 情感态度目标：** 感受艺术的美，丰富情绪情感，同时感受音乐带来的乐趣。
相关领域	艺术领域：培养幼儿初步感受美的能力，提高幼儿的音乐素养。
活动准备	木板、铃铛、毛根； 颜料和笔刷（创意工具包内）准备各种乐器。
活动过程	**一、导入** 　　教师出示各种乐器，请幼儿根据已有经验说说乐器的名称和作用。 **二、基本部分** （一）教师出示手鼓，介绍手鼓的使用方法 1. 教师出示手鼓，引导幼儿观察认识。 2. 教师讲解并演示手鼓的使用方法。 （二）学习绘画方法装饰 1. 请幼儿说说认为少数民族最具有代表性的图案。 2. 学习在手鼓上涂色和画民族图案的方法。 （1）先拿笔刷在手鼓上涂上自己喜欢的底色。 （2）等底色干了以后可以在底色上画上自己喜欢的觉得可以代表少数民族特色的图案。 （3）把毛根均匀地剪成四份，穿上铃铛挂到铃鼓上。 3. 请幼儿介绍自己手鼓上少数民族画风的特色。 幼儿和同伴互相欣赏手鼓，交换着玩一玩手鼓。 （三）音乐游戏：请幼儿跟着少数民族音乐一起拿着手鼓跳舞 **三、小结** 　　教师引导幼儿整理自己的材料包，在自由活动的时间可以讲讲其他少数民族的特征。
活动延伸	回家以后请幼儿和爸爸妈妈一起跳动手鼓舞，并且和爸爸妈妈说说我们国家的少数民族服装的特点。

制作步骤：

1. 准备好材料包（含有：铃铛、毛根、木质手鼓）。

2. 给木板涂上颜色。

3. 在木板上画上喜欢的图案。

4. 把毛根平均剪成4小段，分别穿入铃铛。

5. 将穿好毛根的铃铛系在木板上的小圆孔里。

6. 将毛根弯曲固定，铃鼓完成了。

图例欣赏：

教学随笔： _____

_____

_____

_____

_____

_____

3 民族大团结

活动目标	**1. 认知目标：** 了解少数民族服饰的特征。
	2. 技能目标： 学习用揭、撕、粘贴等手工的基本技能完成作品，发展幼儿手眼协调能力。
	3. 情感态度目标： 激发幼儿对民俗文化的探究，感受中华民族的文化内涵。
相关领域	社会领域：带幼儿观看或共同参与传统民间艺术和地方民俗文化活动。
活动准备	印刷底板、闪亮马赛克片； 准备各民族服饰的图片。
活动过程	**一、导入** 教师出示各民族不同服饰的图片，激发幼儿的兴趣。 **二、基本部分** （一）欣赏图片，感受异域风情 1. 幼儿欣赏观察不同民族的不同风格，激发幼儿对不同民族的热情。 2. 教师引导幼儿说一说自己所知道的一些民族名称，如：汉族、满族、回族等。 （二）分享制作 1. 教师示范制作过程，撕下马赛克贴，把马赛克贴在底板对应的位置，贴满底板空白处作品就完成了。 2. 分发材料，教师巡回指导，引导幼儿自己动手粘贴马赛克。 （三）作品展示 1. 幼儿展示作品，说说自己作品上的少数民族人物。 2. 将自己粘贴的民族纸板展示在区角。 3. 教师与幼儿共同完成民俗区角。 **三、小结** 　　通过本活动引导幼儿制作民族服饰装饰，加强幼儿的手指灵活性，促进小肌肉群的发展。自由活动时间可进行欣赏，感受不同民族的异域风情。
活动延伸	课余时间家长可幼儿观看或共同参与传统民间艺术和地方民俗文化活动。

制作步骤：

1. 准备好材料包（含有印刷底板、闪亮马赛克贴）。

2. 撕下马赛克块。

3. 把马赛克块贴在底板人物服饰的对应的位置上。

4. 用不同颜色的马赛克装饰民族服饰。

图例欣赏：

⭐ 每个小朋友拿到的民族底板形象可能会不一样，但操作方法是一样的。

教学随笔： _____

_____

_____

_____

_____

_____

4 会跳舞的小人

活动目标	**1. 认知目标：** 认识身体各个部分。
	2. 技能目标： 能有序地排列好身体各个部分并拉动小人，提高幼儿动手操作能力。
	3. 情感态度目标： 乐意参与手工制作活动，体验制作的成就感。
相关领域	社会领域：让幼儿了解印第安风情，了解印第安舞蹈的基本特征。
活动准备	印刷底板、人形纸卡、搓纸、两脚钉、打孔木条； 双面胶（创意工具包内）； 准备《小印第安人的羽毛》故事、《十个印第安男孩》歌曲。
活动过程	**一、导入** 教师讲述《小印第安人的羽毛》的故事，引入主题。 **二、基本部分** （一）认识身体各部分及名称 教师讲解身体各部分结构及其名称。 （二）让幼儿学习有序地排列人体各部分结构 1. 教师出示教具并介绍人体关节卡。 2. 教师发放材料包，请幼儿拼人体基本结构模型，用两脚钉穿入上下两个圆孔里。 3. 背面将钉的两个脚岔开，固定在底板。在两脚钉上覆上双面胶，用两脚钉将头和身体连接起来。 4. 把连接小人的两脚钉穿入底板上的长形空内，并和木条一起连接、固定。 5. 在小人的衣服上覆上双面胶，然后撕开，再用手抓住薄纸中心点。作为印第安小人的草裙，完成后可拉动木条，板上的小人会摆动跳舞。 6. 请幼儿展示自己装饰的作品请其他小朋友欣赏。 （三）音乐欣赏：《十个印第安男孩》 **三、小结** 　　幼儿可以根据自己的喜好给跳舞小人粘上好看的衣服。
活动延伸	幼儿在家时可多一些小人穿衣活动，培养幼儿的动手操作能力。

制作步骤：

 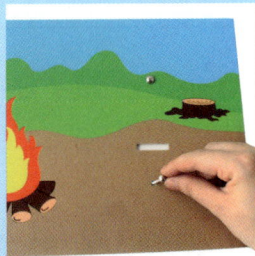 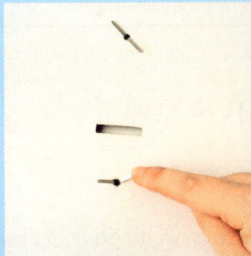  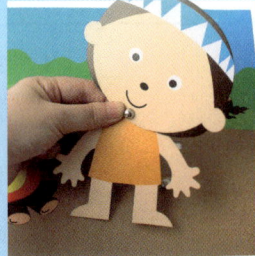

1. 准备好材料包（含有：A4底板、人形纸卡、手工搓纸、木条、两脚钉）。

2. 先将两脚钉穿入上下两个圆孔里。

3. 背面将钉的两个脚掰开固定。

4. 在两脚钉的头上贴双面胶。

5. 用两脚钉将小人的头和身体连接固定。

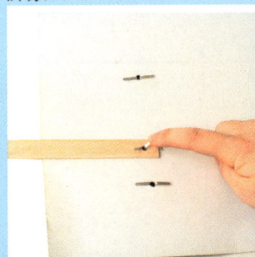   

6. 连接好的小人上的两脚钉穿入底板上的长形孔内，并和木条一起连接，掰开固定。

7. 然后在小人的衣服上贴双面胶并撕开。

8. 用手把薄纸中心点一抓。

9. 褶皱好的薄纸粘贴到小人的衣服处，作为印地安小人的草裙，完成后可拉动木条，板上的小人会左右摆动跳舞哦！

★ 每个小朋友拿到的人物纸卡可能会不一样，但操作方法是一样的。

图例欣赏：

教学随笔：

5　传声筒

活动目标	1. 认知目标： 了解传声筒的制作方法和传声原理。
	2. 技能目标： 能够在传声筒上粘贴出自己喜欢的动物头像，发展幼儿想象力和创作力。
	3. 情感态度目标： 体验传声筒带来的乐趣。
相关领域	科学领域：激发幼儿的好奇心和探索欲望。
活动准备	塑料杯、毛根、EVA片、眼睛、棉线； 剪刀（创意工具包内）。
活动过程	一、导入 我们在日常生活中用电话传送声音，想一想，还能用什么传送声音呢？ 二、基本部分 （一）了解传声筒的制作方法和传声原理 教师简单介绍传声筒的制作方法和传声原理。 （二）在塑料杯子上粘贴出自己喜欢的动物头像 1. 教师介绍传声筒的制作工具。 2. 能将传声筒安装好并装饰出自己喜欢的传声筒。 （1）教师将材料包分发给幼儿，首先用剪刀前端在两个塑料杯底部钻个小孔，棉线的两端各穿一个塑料杯并打结固定，传声筒就制作完成了。 （2）装饰传声筒，在杯子的底部粘上眼睛，用EVA片剪出大象耳朵（幼儿可根据自己喜欢的小动物剪动物耳朵）。将毛根缠绕在笔上制作大象的鼻子。 （3）把弯曲的毛根插入底部小孔（另一个塑料杯也是同样步骤完成后可以两个人一组，进行传声游戏）。 （三）说说你的小秘密 传声游戏：教师将两个小朋友分成一组进行相互说悄悄话的活动。 三、小结 　　本节活动，我们学会了传声筒的制作，在自由时间我们可以和自己的好朋友说说自己的小秘密。
活动延伸	回家和爸爸妈妈一起做传声游戏，把你的悄悄话告诉爸爸妈妈。

制作步骤：

1. 准备好材料包（含有：塑料杯、毛根、EVA片、转动眼睛、棉线）。

2. 用剪刀头在两个塑料杯底部钻个小孔。

3. 棉线的两端各穿一个塑料杯并在里面打结固定，再在底面粘上眼睛。

4. 用EVA片剪出动物耳朵（根据小朋友自己喜欢的小动物制作）。

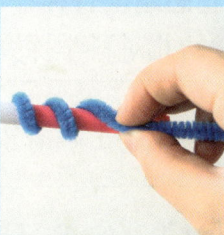
5. 在笔上缠绕毛根制作大象的鼻子。

6. 把弯曲的毛根插入底部小孔，（另一个塑料杯也是相同步骤）完成后可以两人一组，进行传悄悄话游戏。

图例欣赏：

教学随笔： _____

_____

_____

_____

_____

_____

6 潜望镜

活动目标	**1. 认知目标：** 了解潜望镜的基本运用方法及其用途，学习折纸的基本方法。
	2. 技能目标： 能够用折纸和绘画的方法装饰潜望镜，提高动手能力和绘画能力。
	3. 情感态度目标： 激发幼儿对科学探究的欲望，感受科学的博大精深。
相关领域	科学领域：了解潜望镜的基本原理，发展幼儿的认知能力。
活动准备	刀线纸卡、镜片； 双面胶（创意工具包内）； 准备望远镜、眼镜、放大镜等。
活动过程	**一、导入** 教师出示放大镜、望远镜、眼镜，引导幼儿观察比较，说说各种物品的名称。 **二、基本部分** （一）探索发现 1. 引导幼儿根据已有经验说说各种镜子的作用。 2. 教师总结：望远镜能看到远处的事物；眼镜可以缓解近视、远视、弱视人群的视觉感应；放大镜可以放大极小的物体。 （二）认识材料，分享制作 1. 教师出示已经做好的潜望镜，激发幼儿的兴趣。 2. 教师让幼儿观察做好的潜望镜，引导幼儿尝试探索制作潜望镜的方法。 3. 教师示范制作：沿刀线折叠纸盒并粘贴起来，把纸盒的两端粘贴在盒子上，把盖子折进盒子里面粘好。撕掉贴在镜子上的保护膜，将镜子贴在两端的凹槽处，给潜望镜绘画上自己喜欢的图案。 （三）作品展示 1. 引导幼儿说一说自己在潜望镜里看到的事物。 2. 和同伴互换潜望镜看一看，说一说和自己的有什么不一样。 **三、小结** 　　本次活动制作了潜望镜，让幼儿通过不同的视觉观看这个世界，培养幼儿的观察能力，促进幼儿对周围生活的探索与热爱。
活动延伸	课外活动时拿着放大镜、潜望镜、望远镜等观察大自然。

制作步骤：

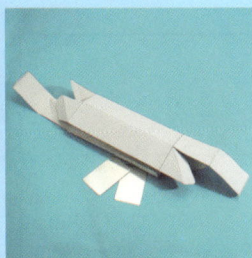

1. 准备好材料包（含有：刀线纸卡、镜片）。

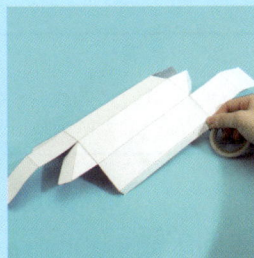

2. 在纸盒的侧边贴上双面胶。

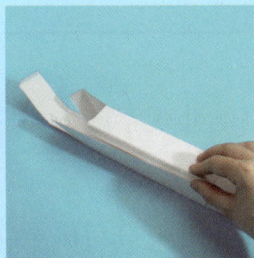

3. 把纸卡的两个边缘粘合。

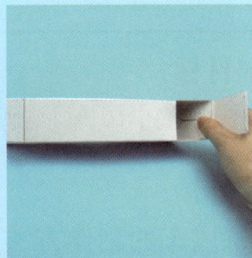

4. 将纸卡两头超长部分沿着折痕线往里折。

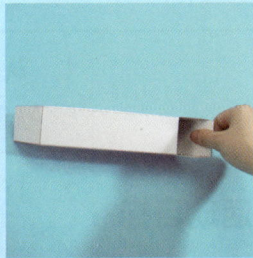

5. 用双面胶把折入的两头粘好。

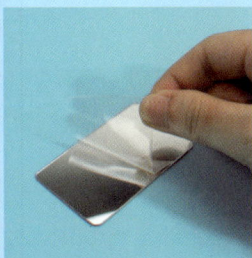

6. 撕下镜片上的保护膜。

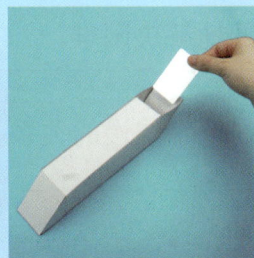

7. 将双面胶贴在镜片背面，分别把镜片粘到纸盒两头的凹槽里。

8. 用颜料给潜望镜涂上底色。

9. 画上自己喜欢的图案。

图例欣赏：

教学随笔：

7 水转风车

活动目标	1. **认知目标：** 学习看图制作小风车，提高幼儿观察能力。
	2. **技能目标：** 探索了解风车的制作方法，知道水量与风车转速的关系。
	3. **情感态度目标：** 在制作的过程中，积累操作的经验，尝试有目的地解决困难。
相关领域	科学领域：让幼儿观察风车转动的速度跟水量、倒水快慢的关系。
活动准备	纸杯、吸管、木质水车组件、托盘。
活动过程	**一、导入** 实物导入：教师出示完成好的风车，演示玩法，激发幼儿操作兴趣。 **二、基本部分** （一）依次介绍各部分材料及组合方法，让幼儿了解并掌握 1. 幼儿人手一份材料，观察各部分材料以及拼接插口。 2. 引导幼儿看图示，教师示范操作。 （1）把小木片插在圆盘上，盖上另一个圆盘，在水车转轮中间插上一根小木棒。 （2）用小木棒连接两个三脚架，把水车底座放在托盘上，把转轮固定在底座上，最后把吸管剪短插进纸杯里。 （3）给水车倒水，水车转起来了。 （二）幼儿自主操作，教师巡回指导 1. 教师引导幼儿看图操作，鼓励幼儿大胆制作。 2. 在制作过程中可以和同伴互相讨论，尝试有目的地解决困难。 （三）水转风车比赛 1. 幼儿分组比赛，看谁的风车转得久。 2. 与幼儿共同探讨水量与风车转速的关系。 **三、小结** 　　本次活动在制作上采取了自主的模式，在教师简单示范后引导幼儿看图操作，自我解决困难，最后取得成功，幼儿体验成功制作的愉悦感。
活动延伸	投置到活动区域，幼儿可以玩一玩，体验其他小朋友绘画色彩的不同和转动风车的效果。

制作步骤：

1. 准备好材料包（含有：纸杯、吸管、木质水车组件、托盘）。

2. 将每个长方形小木片依次有序地插入圆盘上的小方孔。

3. 将另一个圆盘的小方孔对准插入每一个小木片。

4. 在两个圆盘中心的圆孔里插入一根小木棒。

5. 用两根小木棒连接三脚架底部的两个圆孔。

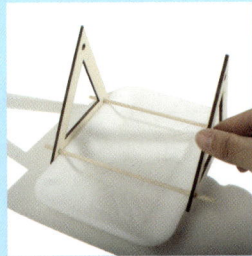

6. 把底座放在托盘上。

7. 把转轮固定在三角架上。

8. 剪一段吸管（约8～10cm长）。

9. 先用剪刀将纸杯底的侧下方戳一个小孔，再将剪好的吸管插入固定。

10. 手拿纸杯，将水倒在风车的页片上，风车接收到水后会自动翻转。

图例欣赏：

教学随笔：

8 木质帆船

活动目标	1. 认知目标： 尝试制作木质帆船，了解船的基本结构。
	2. 技能目标： 能够根据图示制作木质帆船，让船体牢固并且可以行驶，发展幼儿的动手操作能力。
	3. 情感态度目标： 培养科学实践能力，了解更多的航海事业。
相关领域	科学领域：了解基本的科学知识，感受科学技术给我们生活带来的影响。
活动准备	组装小木片、橡皮筋； 颜料、笔刷（创意工具包内）； 准备《赛龙舟》视频。
活动过程	一、导入 教师出示《赛龙舟》视频，引出主题。 二、基本部分 （一）了解船的基本结构 请幼儿描述视频中所观察到的龙舟是在哪里行驶的，了解船的基本结构。 （二）制作木质帆船，让船体牢固并且可以行驶 1. 教师分发材料包，并给幼儿做出相应指导。 2. 学习制作帆船的步骤。 （1）首先用颜料给各个组装片涂上喜欢的颜色。 （2）把两根橡皮筋套进船尾的两个小圆柱体上，把两个长形小木片互相穿插起来。 （3）再把穿插好的十字木片扣到两根橡皮筋中间，作为螺旋桨。 （4）最后将涂上色的小旗帜插入船板上的小圆孔里，小船组装完成了。 3. 请幼儿将组装牢固的小船放在水中，观察小船是否会行驶。 （三）竞赛游戏："划船比赛" 教师将幼儿分成小组，请幼儿比比谁的小船航行得远，谁的小船更加牢固。 三、小结 　　今天我们学习了制作小船，并且了解了我国的航海事业，还知道了赛龙舟是在端午节的活动之一。
活动延伸	在自由的时间，家长带着幼儿去水边观察船的航行，也可以坐船去感受水上航行的乐趣。

制作步骤:

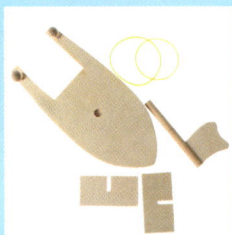
1. 准备好材料包(含有:组装小船的木片、橡皮筋)。

2. 用颜料给各个组装片涂上颜色。

3. 把两根橡皮筋套进船尾的两个小圆柱上。

4. 把两个长形小木片互相穿插成十字形。

5. 把穿插好的十字木片扣到橡皮筋的中间,作为螺旋桨。

6. 最后将涂好色的小旗帜插入船板上的小圆孔里,小船组装完成。

图例欣赏:

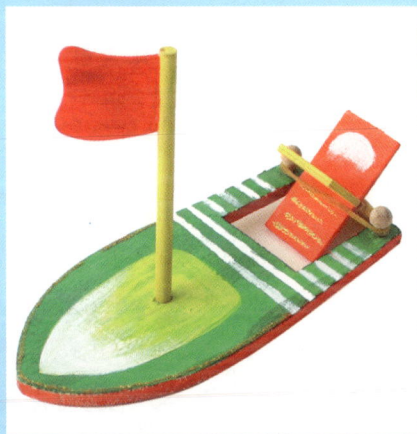

教学随笔: _____

_____

_____

_____

_____

_____

9　玉米搭飞碟火箭

活动目标	**1. 认知目标：** 学习魔法玉米的切割和连接的粘贴方法。
	2. 技能目标： 能够用魔法玉米的切割及连接的粘贴方法制作飞碟火箭。
	3. 情感态度目标： 对科技产品的探索感兴趣。
相关领域	科学领域：培养幼儿好探索的态度和习惯。
活动准备	魔法玉米粒、吸水不织布圆片、塑料小刀。
活动过程	**一、导入** 教师出示制作完成的飞碟或火箭，激发幼儿探索的兴趣。 **二、基本部分** （一）学习魔法玉米的切割及连接的粘贴方法 1. 教师介绍材料的名称及材质，示范魔法玉米的操作方法。 2. 请幼儿尝试操作魔法玉米，自由粘一粘。 （二）能够用魔法玉米的切割及连接的粘贴方法制作飞碟火箭 1. 将幼儿进行分组，教师再次出示制作完成的飞碟或火箭。 2. 请幼儿按照观察到的形象，或自己脑海中已有的形象，自由制作飞碟或火箭。 3. 教师进行循环指导。 （三）激发幼儿对科技产品的探索兴趣 1. 请幼儿为自己的作品取个名字，介绍并展示自己的作品。 2. 教师引导幼儿探讨，飞碟和火箭相关的知识。 **三、小结** 　　通过本节课的学习，我们初步了解了飞碟和火箭的相关知识，并学会了用魔法玉米制作飞碟或火箭。 **安全提示：** 　　魔法玉米是以安全的玉米淀粉为原材料加工而成，即使误食也不会影响幼儿健康，但教师在制作前还是要进行安全提示，魔法玉米不是食物，避免幼儿误食。
活动延伸	除了飞碟和火箭以外，还有很多先进的科技产品，家长可引导幼儿通过各种途径，了解更多科技产品的信息。

制作步骤：

1. 准备好材料包（含有：魔法玉米粒、塑料小刀、吸水不织布片），先用玉米沾一下吸满水的圆片。

2. 用不同颜色的玉米先粘出火箭的身体部分。

3. 再用玉米粘上火箭的机翼和尾翼。

4. 还可以用塑料小刀切割各种形状。

5. 用切成一半的玉米拼合成一块底座。

6. 把做好的火箭粘在底座上。小朋友还可以根据自己对太空的理解，制作出不同的太空物。

图例欣赏：

教学随笔： _____

_____

_____

_____

_____

_____

10 八大行星

活动目标	**1. 认知目标：** 学习在保丽龙球上涂色的方法。 **2. 技能目标：** 在保丽龙球上有规律地涂色，能够用竹签将保丽龙球串连成八大行星。 **3. 情感态度目标：** 体验美术活动的乐趣，能积极投入美术活动。
相关领域	科学领域：激发幼儿探索神秘的太空的兴趣。
活动准备	不同规格的保丽龙球、竹签； 颜料、笔刷（创意工具包内）。
活动过程	**一、导入** 　　教师提问：请问小朋友知道地球是围绕着太阳转动的么？其实除了地球，还有好多行星也是围绕着太阳转动的，如金星、土星、彗星等等。 **二、基本部分** （一）学习有规律地涂色，了解竹签的安全操作方法 1. 教师介绍材料的名称及操作方法、安全注意事项。 2. 教师讲解有规律的涂色方法。 （二）根据有规律地涂色方法，在保丽龙球上有规律地涂色，能够用竹签将保丽龙球串连成八大行星 1. 教师将幼儿分组，分发材料包。 2. 教师指导幼儿用颜料，将不同的行星涂上不同的颜色。 3. 教师示范将竹签插入涂好颜色的保丽龙球上，同时提醒幼儿在操作的时候注意安全。 4. 请幼儿以最大的保丽龙球（太阳）为中心，用竹签将其他小行星连接到最大的保丽龙球（太阳）上。 （三）体验美术活动的乐趣，能积极投入美术活动 1. 请幼儿展示自己的作品。 2. 教师引导幼儿开动脑筋想一想，除了八大行星，还可以将这些材料制作出哪些造型。 3. 请幼儿展示自己的创意造型。 **三、小结** 　　我们用保丽龙球和竹签制作了八大行星，现在我们一起把作品送到手工区角，自由活动时间可以尝试制作其他造型。
活动延伸	神秘的太空中有许许多多的星球，有机会家长可带幼儿到科技馆，观看天文望远镜，感受天空的神秘。

制作步骤：

1. 准备好料包（含有：不同规格的保丽龙球、不同尺寸的竹签）。

2. 用颜料给保丽龙球涂上不同颜色的行星。

3. 用竹签插入涂好颜色的保丽龙球上。

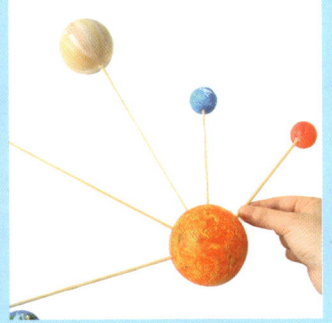

4. 以最大的球（太阳）为中心，其他小球用竹签连接插入大球里。

图例欣赏：

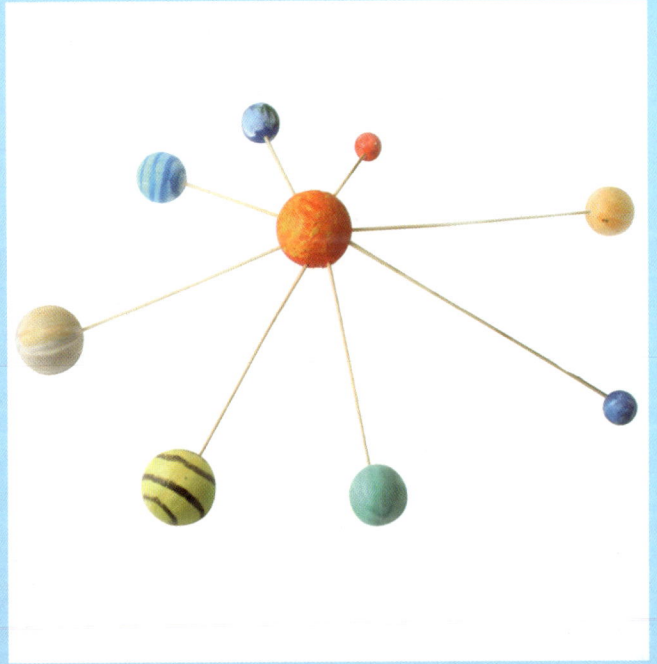

教学随笔：

11　太空景象

活动目标	1. **认知目标：** 了解所用材料的名称，运用粘贴的方法合理分配图案的位置。
	2. **技能目标：** 学会使用材料进行粘贴，有初步的方位意识，促进幼儿的手指灵活性和手部控制能力。
	3. **情感态度目标：** 对美术活动感兴趣，感受宇宙太空的神秘美好。
相关领域	科学领域：白天和黑夜。
活动准备	印刷底板、夜光片； 双面胶（创意工具包内）。
活动过程	**一、导入** 教师出示材料中的一颗星星，把窗帘拉上，夜光片会发光，吸引幼儿兴趣。 **二、基本部分** （一）认识自制材料 1. 教师出示制作好的作品，请幼儿观察，哪些"星星"在夜晚会发光。 2. 教师介绍发光的"星星"叫夜光片，夜光片在黑暗中会发光。 （二）神秘的太空 1. 教师出示太空底板，引出情境，请幼儿说说神秘的太空有什么，哪些地方我们可以装饰一下呢。 2. 教师示范粘贴夜光片星星，在星星的背面粘贴上双面胶，把双面胶撕下来，听指令找到底板相应位置，进行粘贴。 3. 把底板空白处填充上颜色。 （三）幼儿制作 1. 教师引导幼儿粘贴并装饰图画。 2. 制作过程中教师进行巡回指导。 （四）一闪一闪亮晶晶 拉上窗帘，让幼儿观察自己制作的作品的发光效果。 **三、小结** 　　通过本次活动让幼儿知道粘贴的基本方法，通过制作培养幼儿手部精细动作，培养幼儿的审美观，让幼儿对神秘的太空感兴趣。
活动延伸	太空中有很多神奇的奥秘，有机会可以尝试多种途径探索太空中的奥秘。

制作步骤:

    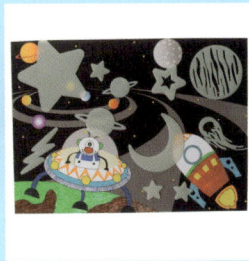

1. 准备好材料包(含有:印刷底板、夜光片一包)   2. 给飞船和火箭涂上颜色。   3. 给夜光片贴上双面胶。   4. 把夜光片贴在太空底板的相应位置上。   5. 组合成一幅神秘太空的景象。

图例欣赏:

 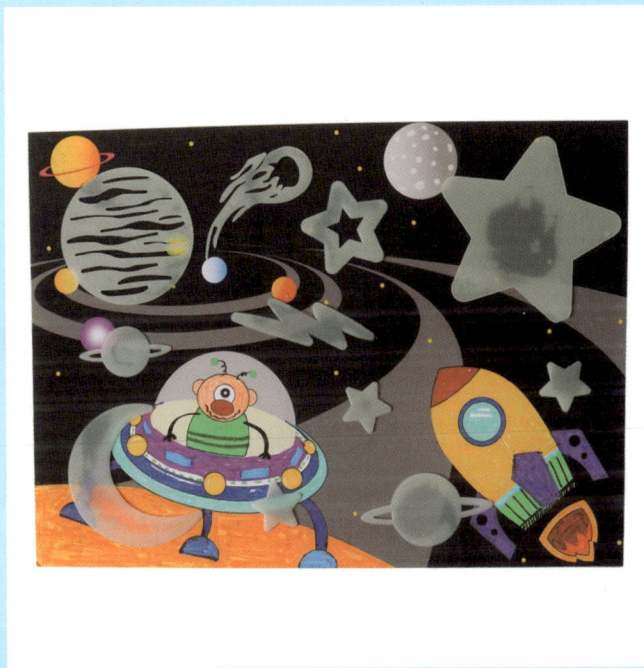

教学随笔: _____

_____

_____

_____

_____

_____

12 外星人

活动目标	1. 认知目标： 了解折纸的基本方法，掌握虚线凸起的折纸方法
	2. 技能目标： 能够按虚线凸起的标识进行折纸，并为小方盒涂色或画一些自己喜欢的图案，制作成外星人。
	3. 情感态度目标： 乐意参与活动，在活动中体验乐趣。
相关领域	科学领域：体验外星人的世界，培养幼儿对科学的探索。
活动准备	白色折纸盒； 水彩笔、双面胶（创意工具包内）； 准备科幻视频。
活动过程	一、导入 教师出示一段科幻视频，引入主题。 二、基本部分 （一）了解折纸的基本方法，掌握虚线凸起的折纸方法 1. 教师讲述外星人的外形特征。 2. 教师引导幼儿学习折纸方法并掌握虚线凸起的折纸方法。 （二）能够按虚线凸起的标识进行折纸，制作小方盒外星人，并为小方盒涂色或画一些自己喜欢的图案 1. 教师出示制作完成的作品，请幼儿仔细观察其特征。 2. 教师演示制作小方盒外星人。 （1）教师将白色折纸盒分发给每一位幼儿，幼儿跟随教师一起折小方盒。 （2）将做好的小方盒涂上自己喜欢的颜色或图案。 3. 幼儿操作，教师进行个别指导。 （三）外星人展览会 教师与幼儿一起将制作完成的小方盒外星人，放到展示区，自由活动时间请大家观赏，可以请爸爸妈妈来欣赏作品。 三、小结 通过制作小方盒外星人，提高幼儿的想象力和创作力，让幼儿更加热爱科学探索。
活动延伸	可以多让幼儿观看一些科幻片，有利于培养幼儿的想象力和对科学的探索。 家长也可以带着孩子参观科技馆，探索科技的奥妙。

制作步骤：

1. 准备好材料包（含有：6个不同尺寸的白色刀线纸卡）。

2. 先将6个纸卡折成小方盒。

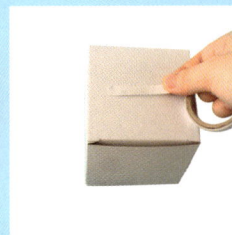
3. 然后在盒子的其中一面中心处覆上双面胶。

4. 用不同规格的小方盒拼装成不同造型的外星人物。

5. 用水彩笔给它涂上各自想象中的外星人的颜色吧！

6. 可爱的外星人完成了，小朋友也可以根据自己的想法制作出各种造型的太空物。

图例欣赏：

教学随笔： _____

_____

_____

_____

_____

_____

13 **灯笼制作**

活动目标	**1. 认知目标：** 学习剪纸的基本方法。
	2. 技能目标： 能用笔刷绘画和剪纸粘贴的方法，制作出各式各样的灯笼。
	3. 情感态度目标： 了解中国的传统节日，喜欢参与传统节日的美工制作活动。
相关领域	社会领域：了解中国的传统节日，有求知和学习欲望。
活动准备	彩色灯笼、手提杆、彩色不干胶纸； 颜料、笔刷（创意工具包内）。
活动过程	**一、导入** 教师提问：请问大家知道元宵节么？（激发幼儿探索兴趣。） **二、基本部分** （一）引导幼儿了解元宵节 1. 教师讲解每年的农历正月十五日是元宵节。 2. 教师引导幼儿回忆每年的元宵节都是怎样度过的。 3. 教师引出灯笼，引导幼儿绘制灯笼。 （二）能用剪纸的方法装饰出各式各样的灯笼 1. 教师介绍材料包，分发材料包。 2. 引导幼儿先用支架将灯笼支撑起来。 3. 在彩色纸上剪纸，剪出自己喜欢的形状粘贴在灯笼上。 4. 灯笼做好后，将手提杆装在灯笼上。 5. 将自己的物品整理干净。 （三）挂灯笼 教师引导幼儿想象元宵节的情景，每个人都提着自己的灯笼互相展示，或写一则灯谜在灯笼上，也可以将大家的灯笼串连起来，等等。 **三、小结** 　　通过活动我们了解了每年的正月十五日是元宵节，并制作了漂亮的灯笼，现在我们一起将灯笼挂在教室里。
活动延伸	各式各样的灯笼为元宵节增添了节日的气氛，幼儿可以继续探索，元宵节还有哪些习俗。

制作步骤：

1. 准备好材料包（含有：灯笼、支架、灯笼杆、彩色不干胶）。

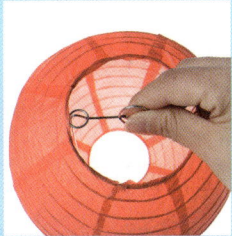

2. 把支架放入灯笼（从大圆口放入），用支架顶住灯笼小圆口的边缘，把它撑起来，再将支架扣进圆孔里。

3. 将彩色不干胶重复折叠，用剪刀剪出花纹。

4. 展开窗花，撕开胶面。

5. 把窗花粘贴在灯笼上。

6. 用其他颜色不干胶装饰灯笼，彩色又喜庆的灯笼做好了。

⭐ 每个小朋友拿到的灯笼颜色可能会不一样，但操作方法是一样的。

图例欣赏：

教学随笔： _____

_____

_____

_____

_____

_____

14 年年有鱼

活动目标	1. **认知目标：** 了解蛋糕纸的有序叠加、粘贴方法。
	2. **技能目标：** 能够使用蛋糕纸粘贴装饰小鱼。
	3. **情感态度目标：** 通过制作小鱼了解'年'，激发幼儿爱祖国的情感。
相关领域	社会领域：了解中国的民俗文化，知道中国的文化传统。
活动准备	鱼形底板、蛋糕纸、转动眼睛、丝带； 双面胶（创意工具包内）。
活动过程	一、**导入** 教师出示制作完成的小鱼，提问：我们过年有什么好吃的，有没有鱼吃？为什么？因为吃鱼代表年年有余，生活幸福美满…… 二、**基本部分** （一）春节 1. 教师引导幼儿回忆春节的情景。 2. 教师讲解春节的来历及习俗。 3. 通过习俗讲解引出鱼的重要。 （二）能够使用蛋糕纸粘贴装饰小鱼 1. 教师介绍材料包，并讲解蛋糕纸的粘贴方法。 2. 教师指导幼儿将小鱼的眼睛贴好。 3. 请幼儿有序叠加蛋糕纸一层层地粘贴，粘贴好穿上丝带。 4. 教师做循环指导。 （三）年年有鱼 1. 幼儿展示自己制作的小鱼。 2. 在教师的引导下，请幼儿自由讨论年年有鱼的意义。 三、**小结** 本节活动我们了解了春节的来历及年年有鱼的含义，现在我们一起把小鱼送到传统文化区角，自由活动的时间，可以继续探讨有关春节的事情。
活动延伸	春节对于我们中国人来说意义非凡，幼儿可以通过各种途径继续了解春节，了解更多的中国传统节日。

制作步骤：

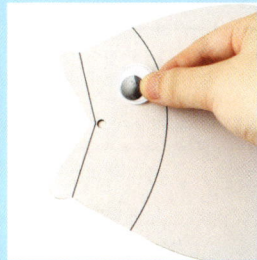    

1. 准备好材料包（含有：鱼形底板、转动眼睛、蛋糕纸、丝带）。先给小鱼粘上眼睛。

2. 给鱼的身体部位贴上双面胶。

3. 再用彩色的蛋糕纸有序地粘在鱼的身体上，作为鱼鳞。

4. 用水彩笔或颜料给鱼的头部空白处涂上颜色。

5. 最后将丝带穿入鱼嘴的圆孔，做好后可悬挂在房间作为装饰。

图例欣赏：

教学随笔：

15 圣诞手偶

活动目标	**1. 认知目标：** 了解用毛线穿不织布的方法，并学会打结。
	2. 技能目标： 能够用毛线将不织布穿在一起，并能用粘贴的方式装饰手偶。
	3. 情感态度目标： 锻炼手指的灵活性，并在活动中找到乐趣。
相关领域	健康领域：练习并学会穿线、缝穿、打结等生活技能。 社会领域：了解圣诞节的相关知识。
活动准备	不织布散片、毛线、塑料针、眼睛； 准备圣诞节相关的图片。
活动过程	**一、导入** 教师出示圣诞节图片，请幼儿回忆圣诞节的情景。 **二、基本部分** （一）了解圣诞节的相关知识 1. 请幼儿描述圣诞节的情景。 2. 教师讲解圣诞节的来历。 3. 请幼儿说一说圣诞节都有哪些主要的人物或动物。 （二）能够用毛线将不织布穿在一起，并能用粘贴装饰手偶 1. 教师讲解毛线穿不织布的方法。 2. 首先示范驯鹿手偶的穿法。 （1）先用毛线将两片打孔的驯鹿不织布片沿着圆孔穿连起来。 （2）穿好后，将装饰的小不织布片，装饰到驯鹿的身上。 （3）尝试用同样的方法制作其他手偶。 （三）情景剧创编 教师可以设置主题情景剧，请幼儿用自己制作好的手偶进行表演。 **三、小结** 　　今天我们了解了圣诞节的小知识，现在我们将制作完成的手偶送到表演区，自由活动的时间，大家可以继续创编情景剧。
活动延伸	每年的圣诞节家长可以和幼儿一起将家里布置圣诞节的氛围，让幼儿过一个欢乐圣诞节。

制作步骤：

1. 准备好材料包（含有：不织布散片、毛线、塑料针、眼睛）。

2. 用毛线将两张打孔的小鹿不织布片沿着圆孔穿连起来。

3. 撕开咖啡色的鹿角不织布片。

4. 分别粘上小鹿的两个角。

5. 将散片正确地组合粘贴到小鹿的头部和身体上。

6. 粘上眼睛，手偶完成了，小朋友们可以套在手上进行情景剧表演啦！

⭐ 每个小朋友拿到的手偶形象可能会不一样，但操作方法是一样的。

图例欣赏：

16 新年祝福

活动目标	**1. 认知目标：** 了解新年习俗，感受新年里快乐的氛围。	
	2. 技能目标： 学习折叠贺卡、粘贴装饰贺卡。	
	3. 情感态度目标： 让手指更加灵活，并在活动中分享新年的喜悦，传递新年祝福。	
相关领域	社会领域：了解圣诞节的相关知识。 语言能力：通过贺卡传递新年祝福。	
活动准备	贺卡、双面胶、水彩笔； 准备与新年相关的图片和一些新年的元素图片。	
活动过程	**一、导入** 1. 谈话导入。 教师："小朋友们，你们在新年里都会做什么呢？"（观看新年的相关图片） 教师："你们在新的一年里最想祝福的人是谁呢？" 2. 激发制作兴趣。 教师：那今天，我们要将满满祝福装进一个特别的东西里面，让它将我们的祝福带到你们最想祝福的人身边。 **二、基本部分** （一）教师师范制作 1. 沿着贺卡的折痕将贺卡折好。 2. 在盘扣的后面贴上双面胶，将它固定在贺卡上。 3. 将福字装饰在贺卡上。 （二）幼儿制作 1. 幼儿在制作的过程中，教师巡回指导。 2. 提醒不会写字的儿童可以用水彩笔画上新年祝福，可以观看一些与新年相关的一些图片。 **三、小结** 　　今天我们了解了新年的一些有趣的习俗，也在这个美丽的贺卡上写上了新年的祝福。那到时候，小朋友们要将这个贺卡送给你们要祝福的人哦。	
活动延伸	每年的新年都可以制作一些贺卡，写上温馨的祝福，将它们送给最重要的人。	

制作步骤:

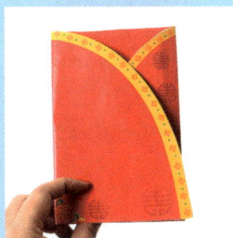

1. 沿虚线折痕,将贺卡如图折好。

2. 将双面胶剪成自己所需要大小,给盘扣的背后粘上双面胶。

3. 将一对盘扣粘贴如图在贺卡上。

4. 在贺卡内页写上祝福语。

5. 合上贺卡,将盘扣扣上,用福字装饰贺卡。

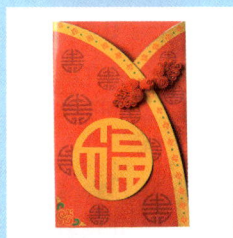

6. 新年贺卡做好了,快给小伙伴们送上祝福吧。

图例欣赏:

★ 每个小朋友拿到的贺卡颜色可能会不一样,但操作方法是一样的。

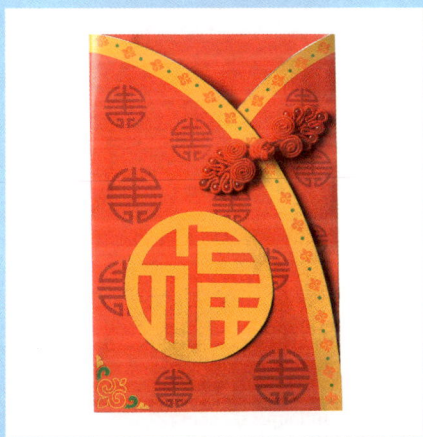

教学随笔: _____

图书在版编目(CIP)数据

幼儿园创意美术主题活动方案. 上学期/程沿彤主编. —上海：复旦大学出版社,2017.8
ISBN 978-7-309-13203-8

Ⅰ. 幼…　Ⅱ. 程…　Ⅲ. 学前教育-美术教育-教学法-幼儿师范学校-教材　Ⅳ. G613.6

中国版本图书馆 CIP 数据核字(2017)第 198977 号

幼儿园创意美术主题活动方案. 上学期
程沿彤　主编
责任编辑/谢少卿

复旦大学出版社有限公司出版发行
上海市国权路 579 号　邮编：200433
网址：fupnet@ fudanpress. com　http://www.fudanpress.com
门市零售：86-21-65642857　团体订购：86-21-65118853
外埠邮购：86-21-65109143　出版部电话：86-21-65642845
上海丽佳制版印刷有限公司

开本 890×1240　1/16　印张 10　字数 247 千
2017 年 8 月第 1 版第 1 次印刷

ISBN 978-7-309-13203-8/G·1755
定价：38.00 元

幼儿园创意美术活动资源包
（上学期）

配合
使用

《幼儿园创意美术主题活动方案（上学期）》

扫一扫 了解更多活动方案

托 小 中 大
2-6岁
4年龄段量身定做

幼儿园创意美术活动资源包
（下学期）

配合
使用

《幼儿园创意美术主题活动方案（下学期）》

扫一扫 了解更多活动方案

托 小 中 大
2-6岁
4年龄段量身定做